브런치 타임: 브런치를 즐기는 완벽한 순간

BRUNCH TIME

심가영 지음

저자 **심가영**

대학에서 문학을 전공하고 졸업 후에는 연극을 쓰고 연출, 영화 시나리오를 쓰는 작가로서 살아왔다.

2011년 봄, 제품디자이너인 남편과 함께 한남오거리에서 브런치카페 '빙봉(bimbom)'을 열었다.

<수요미식회>, <오늘뭐먹지?>, <올리브쇼> 등 각종 매체에 소개되며 브런치 러버들의 많은 사랑을 받고 있다.

현재는 이태원, 성수동 두 곳의 매장을 운영하고 있다.

한 아이의 엄마로서, 아내로서 그리고 오너셰프로서 일과 가정의 균형을 지키며 오래도록 사랑받는 빙봉을 만드는 것이 꿈이다.

저서로는 『젊은 오너셰프에게 묻다』(2014, 남해의 봄날)가 있다.

브런치 타임: 브런치를 즐기는 완벽한 순간

BRUNCH TIME

초판 1쇄 인쇄 2020년 3월 13일
초판 1쇄 발행 2020년 3월 25일

지 은 이 심가영
펴 낸 이 한준희
발 행 처 (주)아이콕스

기획·편집 박윤선
디 자 인 장지윤
사　　진 박성영(393Photography)
스 타 일 링 이화영(foodstylist_hy@naver.com)
영　　업 김남권, 조용훈
영 업 지 원 김진아

주　　소 경기도 부천시 중동로 443번길 12, 1층(삼정동 297-5)
홈 페 이 지 http://www.icoxpublish.com
인스타그램 @ thetable_book
이 메 일 thetable_book@naver.com
전　　화 032) 674-5685
팩　　스 032) 676-5685
등　　록 2015년 07월 09일 제2017-000067호
I S B N 979-11-6426-071-3

BRUNCH TIME

CONTENTS

CONTENTS

CONTENTS

브런치

카페 '빙봉'을 시작한 지도 만 9년이 되었다. 전직 작가였던 내가 브런치 요리를 하고 운영하는 것에 대해 많은 사람들이 그 배경을 궁금해 했다. 요리를 정식으로 배웠나요? 해외에서 살았던 적이 있나요? 고개가 끄덕여질 만한 그럴 듯한 대답을 기대했던 사람들에게 "저는 요리를 글로 배웠어요."라고 말하면 모두가 의아해 하곤 했다. 나는 정말이지 요리를 글로 배웠고 조금 더 정확히는 글과 사진으로 된 요리책을 보고 배웠다고 할 수 있겠다. 글로만 배웠던 어설픈 실력이 카페를 시작한 이후 시행 착오를 겪으며 성장하기도 했지만 나는 아직도 요리책을 들여다보고 그로부터 많은 영감을 얻는다.

처음 요리책을 좋아하게 되었던 시절을 기억한다. 줄곧 보아왔던 소설책, 희곡책, 시나리오와는 달리 요리책은 나를 한순간에 사로잡았다. 클로즈업으로 찍은 요리 사진은 프레임 밖에 감추어진 모든 상황을 상상하게 했다. 나는 사진 속으로 들어가 그 음식 앞에 앉아 있었고 햇살이 가득 비추고 있었다. 곁에는 요리를 함께 할 사람들이 있었다. 즐거운 이야기를 나누었고 잘 만들어진 커피도 곁들였을 것이다. 근심이 없었고 있다 해도 어느새 사라져버릴 듯했다. 나는 무조건 만들어보고 싶었다. 디렉팅하는 듯한 레시피 특유의 문체도 마음에 들었다. '만드는 데 걸리는 시간'이 쓰여 있는 것도 매력적이었다. 그때 나는 언제 만들어져 사람들에게 보여질지 모르는 끝없는 작업을 하고 있었다. 지시하는 대로 착하게 잘 만들어 내면 얼마 후에는 어김없이 완성될 것이고, 그 요리를 누군가가 먹고 나서 맛이 있었는지 없었는지 피드백을 얻을 수 있다니!

눈치 챘겠지만 내가 요리책에서 배운 것은 레시피보다 '씬(scene)'이었다. '삶의 고단함을 벗어나 햇살 속에서 웃을 수 있게 만드는 브런치가 있는 장면.' 이것이 내가 생각하는 '브런치 씬'이었고 빙봉의 메뉴를 생각하거나 카페를 꾸밀 때에도 늘 나만의 브런치 씬이 떠나지 않았다. 누구에게나 브런치를 떠올리면 생각나는 장면이 있을 것이다. 친

구와 만나 밀린 이야기를 해야 할 때, 결혼하고 주말 아침에 침실에서 즐기는 장면, 육아에 지쳐 브런치를 먹으며 힐링을 할 때, 날씨가 너무 좋아 학교나 회사를 뛰쳐나와 즐기고 싶을 때 생각나는 브런치.

이렇게 브런치는 우리의 삶을 조금 더 생기 있게 만들어준다. 평범하고 지루하고 때론 어둡기까지 한 생활에 향기로운 꽃을 꽂은 것처럼 만들어준다. 마음만 먹는다면 내가 있는 곳 어디서나 브런치와 가까운 삶을 만들 수 있다. 내 집 근처에 편하게 갈 만한 브런치카페를 찾는 것에서 시작할 수 있겠다. 그보다 직접 만들고 싶어진다면 서점에서 요리책을 고르고, 마트에서 조금 생소한 식재료도 사고, 브런치에 어울리는 접시도 꺼내본다. 가끔 꽃도 꽂아 본다. 어울리는 음악도 선곡해 본다. 특별한 날이어서가 아니라 브런치를 알아가는 일 하나로도 충분히 매일이 특별해진다. 브런치를 알게 되는 것은 결국 내 취향을 알고 그것을 다듬어가는 과정이 되고, 그 속에 자신이 꿈꾸는 행복을 담게

된다. 꿈꾸는 브런치 씬이 다양해지면 내 삶은 한 편의 영화가 된다.

이 책에 소개된 브런치는 빙봉의 베스트셀러 메뉴를 포함하여 한때 판매했지만 아쉽게 메뉴판에서 사라진 메뉴, 또는 그런 메뉴의 업그레이드 버전, 나만의 레시피북에 숨겨져 있던 비밀 메뉴들이다. 이른 아침에, 주말 아침에, 특별한 날에, 밖으로 나가고 싶을 때 등 여러 상황을 상상하고 그에 맞는 메뉴들을 구성했다. 모든 메뉴를 만들 때 고려할 것은 언제나 좋은 재료로 만들 것이며, 즐겁고 행복한 마음을 담아 만들어야 한다는 것이다. 이 책을 통해 처음 브런치를 만들어 보는 것이라면 의외로 조금 어렵거나 손이 많이 간다고 느낄 수도 있을 것이다. 어쩌면 한두 번 만들어 본 후에 좌절하고 그냥 사먹는 게 낫겠다고 느낄 수도 있다. 그렇다면 텍스트를 뒤로 하고 그저 이 책에 담은 씬들을 들여다보았으면 좋겠다. 보고 또 보기에 부담 없는 책이 되면 좋을 것 같다. 그러다 보면 책보다 더 좋은 아이디어가 떠오를지도 모른다.

ABOUT THE EGG

이 세상 모든 식재료는 자연이 준 선물과 같다. 그 중에서도 달걀은 더욱 특별하다고 항상 생각한다. 달걀은 암탉과 수탉의 사랑으로 얻어진 결실로, 그 어떤 가공을 거치지 않고 우리의 주방까지 오는 식재료다. 한 손에 쥐어질 만큼 작은 크기에다가 숨 쉬는 포장재인 얇은 껍질로 싸여 있으며, 단백질과 비타민이 풍부하여 영양학적으로도 우수하고, 껍질을 깨고 나오는 순간부터 흰자와 노른자가 각각 다른 역할을 하여 완전히 새로운 요리로 변신하기까지 한다. 그러니 우리 주방에 달걀이 있다면 그것은 그냥 '있다'고만 해서는 안되고 '존재한다'고 보는 것이 맞다. 달걀의 존재감 하나로 승부를 보는 요리가 바로 브런치라는 점은 브런치를 만드는 요리사로서 가장 자랑스러운 일이다. 이 멋진 자연의 선물인 달걀이 우리들 주방에 존재하는 한 언제든 브런치 타임이 시작될 수 있다.

'알찬유정란 농장'은 '빙봉'을 처음 준비하면서 지금까지 함께 해온 농장이다. 다양한 스타일의 달걀 요리를 해야 하는데, 시중에 나온 달걀로 실패하기 쉬운 요리들이 많아 좀 더 '신선한' 달걀을 찾아 다녔다. 그러다 단순히 유통경로나 유통기한에서의 '신선함'만이 문제가 아님을 깨닫고 눈을 돌려 서울 인근에 위치한 유정란 농장을 찾기 시작했다. 그렇게 찾게 된 이 농장은 닭들이 어떻게 하면 사람처럼 행복하게 하루 하루를 보내며 살아갈까를 고민하는 젊은 부부 대표님이 운영하고 있었다. 이 농장의 닭들은 신나는 음악을 듣고, 자유롭게 흙을 밟으며 다닐 수 있었고, 근방 농장에서 공수해온 신선한 유기농 채소도 즐겨 먹었다. 스트레스가 없는 닭은 그 빛깔도 달랐다. 폭염이 기승을 부리는 한여름에 방문했을 때에도 닭의 깃털에서 반짝반짝 윤이 났고 한여름 사육장에서 날 법한 불쾌한 냄새는 전혀 맡을 수가 없었다. 그러니 달걀도 다를 수밖에 없었다. 맑은 흰자와 진한 흰자 층이 육안으로 완벽히 드러났고 매우 두꺼웠다. 노른자는 손가락으로 집어 올려도 쉽게 터지지 않았다.

이렇게 좋은 달걀을 고르는 일로부터 브런치가 시작되는 것이라면, 우리가 달걀을 고를 때 어떤 점을 고려하면 좋을까. 달걀은 육안으로 보았을 때 겉면이 거칠고 윤기가 나지 않는 것이 좋다. 달걀 껍질에 찍혀 있는 표기사항은 우리가 꼭 눈여겨 보아야 할 정보다. 산란일, 고유번호, 사육환경에 대한 코드가 나와 있는데, 첫 네 자리 수는 산란일자, 그 다음 다섯 자리는 생산자 고유번호, 맨 마지

막 한 자리 번호는 사육환경 번호를 뜻한다. 사육환경 번호 중 숫자 1은 자연방사, 2는 축사 내 평사, 3은 개선 케이지, 4는 기존 케이지를 의미한다. 그러니 표기사항 중 가장 유념해서 볼 숫자는 첫 네 자리인 산란일자와 마지막 숫자인 사육환경이 되겠다. 산란일로부터 일주일이 넘지 않은 달걀, 숫자 1이나 2 정도의 사육환경에서 나온 달걀을 선택하는 것이 좋겠다. 어떤 환경에서 나온 달걀인지를 알기 위해 포장 박스에 있는 무항생제, 동물복지, HACCP 인증마크도 확인하는 것이 좋다. 무항생제 인증을 받았다고 하더라도 기준치를 초과하지 않는 범위 내에서의 항생제를 먹이는 농가가 많고 그로 인해 항생제 달걀이 심각하게 문제가 된 적이 있으므로, 믿을 수 있는 농장을 직접 찾아내는 노력을 해보는 것을 추천한다.

좋은 달걀을 만났다면 보관은 어떻게 해야 할까. 달걀은 씻지 않은 상태로 냉장 보관하는 것이 좋다. 달걀 껍질에 있는 숨구멍은 다른 냄새를 흡수할 수 있기에 달걀 전용 용기에 넣어 뚜껑을 닫아 두도록 한다. 또한 달걀의 넓고 둥근 부분에 더 많은 숨구멍이 있으므로 뾰족한 부분을 아래로 두도록 한다. 신선한 달걀은 물에 넣었을 때 아래로 가라앉는다. 깨트려 보았을 때 노른자가 탄력 있게 위로 솟아 있고, 노른자를 둘러싼 진한 흰자층과 묽은 흰자의 구분이 분명하면 신선한 달걀이다. 시간이

지날수록 묽은 흰자가 퍼지며 진한 흰자층은 낮아진다. 노른자는 흰자의 수분을 흡수해서 점점 크기가 늘어나고 탄력을 잃게 된다. 이렇게 최초의 신선함을 잃어가는 과정에서도 그 특성에 맞는 요리를 찾아 할 수 있다. 하지만 산란한 지 4~5주 이상 지났거나 깨트렸을 때 신선하지 않다면 버리는 것이 좋다.

달걀의 기본적인 스타일들을 보면 마치 호텔 조식 뷔페에 있는 '에그 스테이션' 앞에 서 있는 느낌을 줄 것이다. 우리도 충분히 집에서 가족들의 다양하고 까다로운 취향을 고려한 에그 스테이션을 만들 수 있다. 다만 유념할 것은 '달걀 후라이' 쯤이라고 생각하면서 너무 쉽게 여기거나 빨리 만들 수 있다고 자신하면 안 된다는 점이다. 몽글몽글 부드러운 스크램블드 에그를 만들기 위해서는 미리 볼에서 충분히 뒤섞어 달걀에 들어 있는 단백질과 지방을 충분히 분해시키고, 팬 위에서 계속해서 젓는 작업을 해주어야 한다. 또 달걀은 각 층에 따라 익는 온도가 다른데 진한 흰자층이 60℃부터 익기 시작해 노른자는 68℃, 묽은 흰자는 70℃부터 익는다. 온도가 너무 높으면 아랫면만 타버린 달걀 후라이가 되거나, 반숙 달걀을 삶으려고 했다가 노른자가 다 익어버릴 수도 있다. 너무 차갑지 않은 달걀로 요리하는 것도 중요한 부분이다. 이런 점만 유의한다면 크게 어렵지 않게 '에그 스테이션'을 마스터할 수 있을 것이다.

Chapter 1.

THE EGG

"달걀은 어떻게 해드릴까요?"

이 질문은 우리를 늘 설레게 합니다.

"음… 스크램블이요. 너무 많이 익히지 말고 촉촉하게요.
소금이나 후추는 뿌리지 말고요."

요리사들은 당신이 원하는 달걀 스타일 하나로도
당신이 어떤 사람인지 느낄 수 있습니다.

달걀의 다양한 조리법은 사람의 성격을 표현하기도 합니다.
반숙으로 삶은 달걀을 뜻하는 'soft boiled'는 마음이 여리고 감상적인 사람을,
완전히 삶은 달걀을 뜻하는 'hard boiled'는 냉정하고 거친 사람을 의미하죠.

만약 한 가지 스타일만 고집하는 편이었다면
이제는 다양한 스타일을 시도해보세요.
매일 옷을 바꿔 입는 것과 다르지 않습니다.

우리는 실제로 어제는 냉정하고 거칠었다가
오늘은 여리고 감상적인 사람이 되기도 하니까요.

SUNNY SIDE UP
써니 사이드 업

동그란 노른자가 태양으로 비유되는 이 달걀 스타일은 이름대로 노른자가 흰자 윗면에 올라와 있다. 써니 사이드 업을 잘 만드는 비결은 달걀의 구조를 파악하는 것에서 시작해야 한다. 신선한 달걀을 깨트리면 노른자를 둘러싸고 있는 흰자가 크게 두 층으로 나뉜다. 노른자를 둘러싼 진한 흰자 층과 진한 흰자를 둘러싼 묽은 흰자 층이다. 묽은 흰자는 쉽게 익지만 진한 흰자 층까지 완벽하게 익히려면 생각보다 오래 익혀야 하며 타지 않도록 주의해야 한다. 이렇게 완성된 써니 사이드 업의 노른자를 터트리면 윗면은 살아 있고 아랫면은 살짝 익어 있을 것이다.

Ingredients

달걀 **2개**
베지터블오일 **약간**

1 코팅이 잘 된 프라이팬을 예열한다. 열이 오르면 약간의 오일을 두른다. 달걀을 깨트리기 전에 약한 불로 낮추고 필요 이상의 오일을 두른 것은 아닌지 확인한다.

2 이제 달걀을 깨트릴 차례다. 프라이팬을 살짝 기울이고 달걀 한 알을 깨트린 다음, 남은 한 알을 신속히 깨트려 두 개의 달걀을 샴쌍둥이처럼 붙인다. 불의 세기는 여전히 약하다.

3 달걀흰자가 하얗게 익고 모양이 잡히면 프라이팬이 수평을 유지하도록 한다. 진한 흰자 층까지 하얗게 익히려면 무엇보다 약한 불을 유지하는 것이 중요하다. 노른자는 윗면이 터지지 않은 상태에서 동그랗게 살아 있고, 흰자는 진한 흰자 층까지 하얗게 잘 익은 상태면 된다.

4 이렇게 완성된 써니 사이드 업은 접시에 담아내거나 또 다른 요리 위에 얹어 낸다. 다른 요리 위에 얹었다면 깨트려진 노른자가 다른 재료들과 결합되어 소스 역할을 하게 될 것이다.

OVER EASY
오버 이지

오버 이지는 아주 예민한 요리다. 빙봉의 주방에서도 가장 어려운 요리로 통할 정도이다. 달걀의 흰자만을 위아래로 익히고 노른자는 그대로 흘러나오는 형태이다. 완벽한 오버 이지를 만들기 위해서는 불 조절과 함께 뒤집는 스킬이 가장 중요하겠으나, 무엇보다 신선하고 건강한 달걀이 우선이어야 할 것이다. 노른자를 감싸는 흰자 층이 묽은 상태라면 노른자가 터지거나 지나치게 많이 익어버릴 수 있기 때문이다.

Ingredients

달걀 **2개**
베지터블오일 **약간**

1   코팅이 잘 된 지름 20cm 정도의 프라이팬을 불에 올려 예열한다. 팬에 손바닥을 살며시 대어보았을 때 따뜻한 열기가 느껴진다면 오일을 살짝 두르고 불을 가장 약하게 낮춘다.

2   이제 달걀을 깨트릴 차례다. 프라이팬 전체로 퍼진 보름달 같은 달걀을 원치 않는다면 팬을 살짝 기울인 채 달걀을 깨는 것이 좋다. 또 다시 확인할 것은 프라이팬이 너무 뜨겁지 않을 것. 이제 달걀을 프라이팬 바닥에 가까이 가져가 깨트린다. 두 알이 예쁘게 붙어 있는 결과물을 위해, 재빨리 다른 한 알의 달걀을 깨트린다. 너무 높이 깨트려서 노른자가 터지지 않았기를 바란다.

3   달걀흰자가 하얗게 익었다면 기울였던 팬을 수평으로 두어도 좋다. 기름이 너무 많다면 키친타월로 닦아내는 것이 좋다. 이때도 프라이팬이 절대 뜨거워서는 안 된다. 아랫면이 노랗게 변하지 않게 하기 위해서다.

4   언제 뒤집어야 할까. 오버 이지를 만들 때 가장 어려운 순간이다. 몇 번의 경험을 통해 자신만의 노하우가 쌓이면 더욱 분명해지겠지만, 달걀을 겨우 뒤집을 수 있을 만큼 아래가 익었을 때가 가장 적당한 때일 것이다. 이때 흰자의 색은 투명함이 도는 하얀색이다. 안정감 있게 뒤집으려고 이 상태에서 너무 오래 익히면 노른자의 아랫면이 살짝 익어버릴 수 있다. 뒤집을 때는 뒤집개를 이용하는 것을 추천한다. 물론 뒤집개 없이 한 손의 손목 스냅만으로 달걀을 뒤집으면서도 노른자를 깨지지 않게 할 수도 있다. 뒤집개로 뒤집을 때 최소한의 높이까지만 올려 살며시 뒤집도록 한다.

5   달걀을 뒤집은 후에는 불을 바로 끈다. 프라이팬에 달걀을 둔 채 20초 정도 그대로 둔다. 프라이팬 손잡이를 흔들었을 때 달걀이 잘 미끄러진다면 바로 접시에 담아낸다.

SCRAMBLED EGGS
스크램블드 에그

스크램블드 에그는 달걀의 흰자와 노른자를 크림과 섞어 팬 위에서 휘저으며 조리한 스타일이다. 빙봉에서도 가장 많이 만드는 에그 스타일이 바로 스크램블드 에그이다. 연한 노란빛에 반짝거리는 표면, 보들보들한 식감은 달걀이 부릴 수 있는 마법 같은 매력임에 틀림없다. 누구나 쉽게 만들 수 있다고 생각하는 달걀 조리법 중 하나이기도 한데, 레스토랑에서 만들어주는 것 같은 식감의 표현이 어렵다면 이 레시피의 작은 디테일들을 살펴보면 좋을 것이다. 잘 만들어진 스크램블은 빵이나 와플 위에 그대로 올리거나 토마토, 아보카도, 연어 같은 재료와 어우러지게 하면 또 다른 새로운 메뉴로 변신하기에도 좋다.

Ingredients

달걀 2개
생크림 2Tbsp
버터 1tsp

1 먼저 볼을 준비한다. 겨우 달걀 두 개를 섞을 용도라고 해서 작은 계량컵이나 그릇을 준비하기보다는 적당히 큰 볼을 준비하는 것이 낫다.

2 볼 속에 달걀 두 개와 생크림을 넣고 거품기로 잘 저어준다. 흰자 멍울이 다 사라지고 흰자와 노른자가 완벽히 섞여 하나의 색을 이루며, 거품기를 들어 올렸을 때 묽은 액체 상태로 흘러내리게 만든다. 한데 잘 섞인 달걀은 한층 부드러운 질감의 스크램블드 에그를 만들어줄 것이다.

3 코팅이 잘 된 지름 20cm의 프라이팬을 불에 올린다. 역시 팬은 너무 뜨겁지 않도록 예열하는 것이 좋다. 버터를 프라이팬에 올렸을 때 버블을 일으키며 녹아 내리면 프라이팬을 기울여 전체적으로 코팅한다.

4 버터가 브라우닝되기 전에 바로 달걀을 프라이팬에 부어준다. 낮은 불을 유지하고 있기 때문에 달걀이 들어가는 순간 가장자리가 먼저 얇은 테두리처럼 익을 것이다. 그러면 한 손으로는 손잡이를 잡고 팬을 흔들고, 다른 한 손으로는 주걱의 뾰족한 면을 이용해 동그라미를 그리듯 섞어준다. 익지 않은 달걀 액체가 다시 팬 전체로 퍼지고 그것이 익으면 또 팬을 흔들어 주걱으로 섞어준다.

5 달걀이 절반 이상 익었다는 느낌이 든다면 달걀을 한쪽으로 모아 야트막한 언덕처럼 볼록하게 입체감을 준다. 윗면에 약간의 수분감이 느껴지고 반짝반짝 빛나는 느낌이 있을 때 접시에 담아내야 한다.

POACHED EGGS
수란

브런치를 사랑하는 사람이라면 역시 '완벽한' 수란을 기대하지 않을 수 없을 것이다. 수란을 깨트리는 행위는 브런치 러버들에게 일종의 '의식'에 가깝다. 흰자가 갈라지고 그 안에서 노른자가 흘러나오는 순간은 그림처럼만 보였던 음식이 살아 움직이는 광경인 것이다. 에그 베네딕트에도, 오픈 샌드위치에도, 샐러드 위에도 수란 한 알만 얹으면 이렇게 멋지고 우아한 아침을 맞이할 수 있다니. 수란은 정말이지 브런치 그 자체인지도 모른다. 그런데 수란을 만드는 일이 매우 까다롭고 실패할 확률이 높다는 생각에 도전하기 움츠리는 사람도 많을 것이다. 브런치 카페의 주방에서 수란을 만드는 환경이 집 주방에서 만드는 환경과 거의 비슷하다는 것을 모두가 안다면 분명 자신감이 솟을 텐데. 가벼운 마음으로 수란을 만들어보자.

How To Make Poached Eggs

Ingredients

달걀 3~4개
물 1L
식초 1Tbsp
소금 1tsp

1   수란을 만들기 위해서는 지름 15~20cm의 편수냄비 또는 소스팬이 필요하다. 소스팬의 높이는 15cm 내외의 너무 깊지도, 얕지도 않은 것이 좋다. 더 쉽게 표현하자면 라면을 끓이기 좋은 냄비라고 하면 이해가 빠를 것이다.

2   달걀 높이의 2배 정도가 되도록 냄비에 물을 채운다. 물 1L당 식초 1Tbsp, 소금 1tsp 정도를 넣고 불에 올려 끓이기 시작한다. 식초는 와인식초나 우리가 흔히 쓰는 요리용 발효식초면 충분하다.

3   달걀을 넣는 시점이 예쁜 수란을 만드는 데 첫 번째 중요한 포인트가 된다. 물은 85~90℃ 정도의 온도가 적절하다. 이 역시 쉽게 표현하자면 물이 전체적으로 팔팔 끓을 때 불을 살짝 낮춰 잔잔하게 끓는 정도로 만든 상태를 말한다. 그리고 나서 국자를 이용해 물 속에 회오리를 만들어준다. 이때 주저하지 말고 달걀을 깨트려 넣는다. 물의 흐름을 타고 달걀이 뱅글뱅글 돌 것이다. 금세 모양이 잡혔다면 지금부터는 불을 조금 더 낮춰 수란이 천천히 익을 수 있도록 한다.

4 수란을 꺼내는 시점이 두 번째 중요한 포인트이다. 국자로 수란을 들어 살짝 흔들어보았을 때 흰자가 깨지지 않을 만큼 탄탄하게 흔들리는지 확인한다. 손으로 살짝 눌러보는 일도 필요하다. 노른자 부분이 말랑말랑하게 들어갈 수 있도록 너무 덜 익히지도, 너무 많이 익히지도 않는다. 확신이 없다면 자주 확인해보는 것도 괜찮다. 다만 수란을 너무 뜨거운 온도에서 익힌 경우, 국자로 흔들고 손가락으로 눌렀을 때 완벽한 상태였을지라도 수란이 품고 있는 온도가 너무 높아 물에서 꺼낸 후에도 계속해서 익게 된다. 그래서 손가락으로 눌렀을 때 노른자만 확인할 것이 아니라 수란이 품은 온도도 확인해야 한다. 잘 완성된 수란은 손가락에서 느껴지는 온도가 그리 뜨겁지 않다. 만약 수란이 너무 뜨겁게 느껴진다면 찬물에 담가 재빨리 열을 식혀 오버쿡되지 않도록 해주어야 한다.

Tip
잘 만들어진 수란이 너무 많다면 냉장고 속에 보관할 수 있다. 이틀 안에만 먹으면 된다. 냉장된 수란은 따뜻한 물에 다시 데우면 방금 만들어낸 수란처럼 느껴질 것이다.

———

OVER MEDIUM & OVER HARD
오버 미디움 & 오버 하드

오버 미디움과 오버 하드는 달걀을 프라이팬에서 뒤집은 다음 얼마나 더 노른자를 익히느냐의 차이이다. 노른자가 반쯤 익었다면 '오버 미디움', 노른자가 완전히 익었다면 '오버 하드'라고 한다. 뒤집는 시점은 '오버 이지'와 '써니 사이드 업'의 중간쯤이라고 보면 될 것이다. 아니면, 묽은 흰자층이 다 익은 다음을 뒤집는 타이밍으로 잡아도 좋을 것이다. 오버 미디움은 달걀을 뒤집은 다음 약불로 익혀 약 1분 후에 꺼낸다. 오버 하드는 약불로 약 3~4분 정도를 더 익혀 달걀의 윗면을 눌렀을 때 단단하다면 완전히 익은 것이다.

SOFT BOILED & HARD BOILED
소프트 보일드 & 하드 보일드

끓는 물에서 껍질 채 삶은 달걀은 익은 정도에 따라 '소프트 보일드', '하드 보일드'로 나뉜다. 소프트 보일드는 반으로 잘랐을 때 노른자가 소스처럼 뭉근하게 흘러내리는 상태를 말하며, 하드 보일드는 노른자까지 완벽히 익은 상태를 말한다. 두 가지 스타일 모두 달걀을 삶기에 앞서 상온에 최소 1시간 정도 꺼내놓아 찬 기가 사라진 달걀을 이용한다.
작은 냄비에 달걀이 완전히 잠길 정도의 물을 끓인다. 물이 팔팔 끓어오르면 불을 중약불 정도로 낮추어 아주 잔잔한 버블이 일 정도로 만든다. 여기에 달걀을 조심스럽게 물 속에 넣는다. 뚜껑을 닫지 않은 상태로 5~6분을 두고 꺼내면 소프트 보일드, 10~12분을 두면 완전히 익은 하드 보일드 상태가 된다. 센 불에서 익히거나 15분 이상 익히면 노른자 색이 회색빛으로 변할 수 있으니 주의하자. 완성된 달걀은 냉장고에서 일주일 정도 두고 먹을 수 있다.

PICKLED EGGS
피클드 에그

핑크빛 피클로 변신한 달걀은 멋을 내기 위한 요리 어느 것에도 적합하고 새콤달콤한 맛까지 있어 샐러드나 타르틴, 핑거푸드를 만들기에 더없이 좋다. 달걀을 피클처럼 만드는 것은 아미쉬 마을의 전통인데, 현대 문명과 기술을 거부하고 18세기처럼 느리게 살아가는 아미쉬 사람들이 달걀을 보다 오래 보관하기 위한 방법이었다. 지금은 달걀을 일 년 내내 얻을 수 있지만, 옛날에는 추운 계절에 암탉이 알을 낳지 않아 중요한 단백질 공급원인 달걀을 오래도록 보관할 방법이 있어야 했던 것이다. 머스터드 씨나 비트를 이용해 달걀을 노랗거나 붉게 물들여 보기에도 예쁜 이 달걀은 이제 수많은 요리에 응용되고 있다.

Ingredients

달걀 3~4
물 1cup
화이트와인 식초 1cup
설탕 1cup
비트 1/2개

1 달걀은 하드보일드로 만들어 껍질을 까둔다. (32p)

2 준비한 비트는 크게 5~6 조각으로 잘라둔다.

3 단촛물을 만들기 위해 1.5~2L 용량의 냄비를 준비하고 물, 식초, 설탕, 비트를 넣고 센 불에 올린다. 단촛물이 끓기 시작하는 동안 열탕 소독한 유리병을 준비하고 달걀을 넣어둔다.

4 단촛물이 끓으면 비트를 걸러내고 달걀을 넣어둔 유리병 속에 붓는다. 달걀이 위로 떠오르기 때문에 유리병 끝까지 단촛물을 붓는다. 하루가 지난 후 단촛물을 버리고 잘라서 사용한다. 남은 달걀은 냉장고에서 일주일 정도 보관 가능하다.

수란
poached eggs

오버 이지
over easy

스크램블드 에그
scrambled eggs

써니 사이드 업
sunny side up

34

오버 하드
over hard

피클드 에그
pickled eggs

오버 미디움
over medium

하드 보일드
hard boiled

35

달걀은 당신의 가장 친한 친구가 될 수 있어요. 제대로만 한다면요.

저는 아침식사를 위한 달걀만을 이야기하는 게 아니에요.

브런치로, 점심식사로, 에피타이저로, 회사에서도, 그리고 우아함을 위해서죠.

줄리아 차일드

Chapter 2.

EARLY IN THE MORNING

'BREAKFAST'

아침식사는 '단식 또는 금기(fast)를 깨다(break)'라는 의미로,
중세시대까지 유럽에서 아침식사는 종교적인 의미로 금기시되는 것이었죠.
하루에 점심과 저녁 두 끼면 충분하다고 여겼고,
새벽부터 노동을 해야 하는 하층민이나 어린아이가 먹는 것이 아침이었습니다.
아침식사의 발전은 신대륙의 발견 그리고 커피, 초콜릿의 보급과 함께 시작되었고
영국 귀족들이 먹던 '잉글리쉬 브렉퍼스트'처럼 화려한 아침 식사가 나오고
산업혁명 이후에 아침식사는 더욱 발전하게 되었습니다.

이제 우리는 아침식사가 얼마나 중요한 한 끼인지 알아요.

하루를 시작하는 소중한 에너지원.

우리 마음은 아침을 늘 원하고 있어요.

하지만 그것을 알면서도 아침은 다른 시간에 밀리거나 잊혀지고 있죠.

만약 아주 오랫동안 '아침'을 잊고 지내왔다면

잊고 지내온 것이 아침보다 더 중요한 것인지 한 번쯤 생각해보세요.

왜 잠이 부족했는지, 왜 늦게 잠들어야 했는지,

왜 아침엔 아무 것도 들어가지 않는지,

왜 아침엔 그렇게 기분이 가라앉는 것인지를요.

GRANOLA PARFAIT
그래놀라 파르페

어쩌면 그래놀라를 직접 만들어보는 일로 요리에 대한 즐거움을 깨닫게 될지도 모른다. 그래놀라를 한가득 만들어두면 아침마다 손쉽게 영양만점의 식사를 할 수 있을 뿐만 아니라, 그 바삭바삭하고 고소한 맛에 반해 더 이상 시중에 파는 그래놀라나 씨리얼을 사 먹기 힘들어진다. 그 맛은 내가 아끼는 주변 사람들에게도 꼭 전달해주고픈 맛이다. 작은 봉투에 넣어 쓰윽 전해주면, "이거 어떻게 만든 거야? 정말 맛있다!"라는 칭찬으로 어깨가 으쓱해질 것이다. 여기서 만들 그래놀라는 바 형태로 먹을 때는 손으로 쉽게 부수어 먹을 수 있다. 물론 처음부터 부서진 형태로 만들어도 좋다. 저지방 요거트와 과일을 함께 곁들여 파르페 스타일로 즐기면 더욱 근사한 아침이 될 것이다.

Ingredients

롤드 오트(납작귀리) 320g
베지터블오일 70ml
소금 1tsp
슬라이스 아몬드 50g
피칸 또는 호두 등의 견과류 50g
꿀 140g
갈색설탕 60g
바닐라익스트랙 2tsp
시나몬가루 1tsp
냉동 베리 1cup
요거트 600ml 내외

1 오븐을 180℃로 예열하고 오븐용 낮은 트레이에 유산지를 깔아둔다.

2 롤드 오트는 체에 쳐서 잔 가루를 털어내는 것이 좋다. 볼에 롤드 오트와 베지터블오일, 소금을 넣고 잘 섞은 다음 준비한 트레이에 골고루 얇게 펴 10분간 굽는다.

3 오븐에서 꺼내보면 잘 구워진 부분과 아직 열이 닿지 않아 덜 익은 부분이 있을 것이다. 이것을 전체적으로 잘 섞은 다음 다시 오븐에 넣고 10분간 더 굽는다. 그리고 한 번 더 전체적으로 섞은 다음 5분 더 구워 오븐에서 빼내 한 김 식혀준다. 다음 작업을 위해 오븐은 150℃로 낮춰둔다.

4 슬라이스 아몬드, 피칸, 호두 등의 견과류는 프라이팬에 가볍게 볶은 뒤 푸드프로세서에 넣고 잘게 부수어준다.

5 소스팬에 꿀, 갈색설탕을 넣고 불에 올려 설탕이 녹을 때까지 살짝 끓인다. 불을 끈 다음 바닐라익스트랙과 시나몬가루를 넣고 섞어 허니 소스를 완성한다.

6 큰 볼에 오븐에서 구워낸 롤드 오트, 갈아둔 견과류, 허니 소스를 모두 넣고 골고루 잘 섞는다. 이것을 다시 오븐용 사각 트레이에 평평하게 편다. 스패출러나 주걱을 이용해 최대한 눌러서 재료들이 잘 압착되도록 만든다. 150℃로 낮춘 오븐에 넣고 35~40분 정도 구워낸다.

7 구워낸 그래놀라는 10~15분 정도만 식힌다. 완전히 식히면 자르기 어려우므로 너무 많이 식히지 않도록 한다. 그래놀라는 예리한 칼이나 스크래퍼를 이용해 원하는 사이즈대로 자른다. 완전히 식으면 밀폐용기에 넣어 냉동실에 보관하면 된다.

8 고블렛 잔이나 아이스크림용 유리컵 등을 준비한다.

9 준비한 잔에 만들어둔 그래놀라 바, 원하는 과일, 요거트, 꿀, 메이플 시럽 등을 취향에 맞게 곁들이면 아침마다 멋지고 간편한 식탁을 차릴 수 있다.

Tip 1.
취향에 따라 오트밀과 견과류의 양을 더하거나 빼도 좋다.

2.
그래놀라를 바 형태로 만드는 것이 번거롭다면 부스러진 형태로 만들어 보관하는 방법도 가능하다. 그러기 위해서는 앞서 준비한 재료를 반으로 나누어 2개의 트레이에 담는 것이 좋다. (트레이가 하나밖에 없다면 처음부터 용량을 1/2만 준비하면 된다.) 1~5번까지의 과정은 동일하게 만들고 6번 레시피에서 한 트레이에 꾹꾹 눌러 담지 않고 2개의 트레이에 듬성듬성 넓게 흩뿌린다. 그리고 180℃로 예열된 오븐에서 10분간 더 구워낸다. 완전히 식힌 다음 밀폐용기에 담는다. 실리카겔을 함께 넣으면 오래도록 바삭바삭하게 유지할 수 있다.

EGG COCOTTE
에그 꼬꼬떼

에그 꼬꼬떼는 작은 라메킨 그릇 속에 크림, 달걀을 더해 오븐에서 구워내는 요리를 말하는데, 여기에 시금치나 베이컨을 더하면 완벽한 구성이 된다. 입맛 없는 아침, 가족들을 위한 알찬 한 끼로 제격이다. 아침 식사 구성에서 하루의 에너지원으로 탄수화물이 꼭 들어가길 바란다. 식빵을 이용해 만든 스틱 모양의 러스크는 흐르는 노른자에 찍어 먹기 좋은데, 러스크를 만들기 번거롭다면 식빵을 작게 잘라 다른 재료와 함께 라메킨 속에 넣어 오븐에 굽는 방법을 추천한다.

Ingredients

달걀 **3개**
생크림 **3Tbsp**
올리브오일 **1tsp**
시금치 **한 움큼**
다진 마늘 **1Tbsp**
베이컨 **3줄**
그라나 빠다노 치즈 **1Tbsp**
신선한 허브 **약간**
소금 **약간**

1 달걀은 요리하기 1시간 전쯤 상온에 꺼내둔다. 오븐은 180℃로 예열해 둔다.

2 프라이팬을 불에 올리고 올리브오일을 살짝 두른다. 다진 마늘을 넣어 중불에서 익히다가 밝은 갈색이 나면 불을 끈 후 시금치를 넣어 잘 섞어 남은 열로 숨을 죽인다. 그리고 라메킨 또는 작은 꼬꼬떼 그릇 바닥에 나누어 담는다.

3 또 다른 프라이팬 또는 그릴에 베이컨을 구운 다음 1cm 정도의 너비로 썰어 시금치 위에 담는다.

4 각각의 그릇 안에 달걀을 하나씩 깨트려 넣고, 생크림도 1Tbsp씩 붓는다. 그라나 빠다노 치즈와 신선한 허브를 넣고 취향에 맞게 소금을 살짝 뿌린다.

5 그릇을 오븐에 넣기 전, 깊이가 3~4cm 정도 되는 오븐 트레이에 물을 반쯤 담고 그 안에 그릇을 넣는다. 그릇 안으로 물이 들어가지 않도록 조심하며 오븐에 넣고 12~15분을 굽는다.

6 오븐에서 나온 꼬꼬떼는 스푼으로 떠 먹거나 바게트, 식빵, 러스크를 반숙으로 익은 달걀에 찍어 먹으면 더욱 완벽한 식사가 될 것이다.

FRENCH OMELETTE
프렌치 오믈렛

각 나라마다 저마다의 오믈렛이 있다. 감자를 넣은 스페인 오믈렛 '토르티야', 오븐에 구운 피자 모양의 이탈리아 오믈렛 '프리타타', 아메리칸 치즈를 듬뿍 넣은 미국식 오믈렛 등등. 이런 오믈렛에 비해 프렌치 오믈렛은 아주 심플한 모양에 재료 또한 단출하다. 럭비공 모양조차도 되지 않을 만큼 볼륨이 적은 이 오믈렛은 왜소한 모양과는 달리, '프렌치'라는 말이 무색하지 않을 만큼 우아하고 고급스럽다. 그 마법의 비결은 바로 신선한 허브에 있다. 로즈마리, 세이지, 타임, 파슬리와 같은 허브와 어우러진 부드러운 달걀의 맛은 한번 맛보면 결코 잊을 수 없을 것이다.

Ingredients

달걀 3개
생크림 2Tbsp
버터 1Tbsp
파르미지아노 치즈 1Tpsp
신선한 허브 적당량
소금 약간
후추 약간

1 달걀은 미리 풀어둔다. 허브는 로즈마리, 세이지, 타임, 이태리파슬리 등 구할 수 있는 종류 2~3가지를 준비해 잘게 썰어두고, 파르미지아노 치즈는 그레이터에 갈아둔다.

2 볼에 달걀을 넣고 휘퍼로 잘 섞는다. 스크램블드 에그를 만들 때처럼 흰자 멍울이 잘 풀어질 때까지 섞어야 한다. 여기에 생크림, 허브, 소금을 넣고 조금 더 섞어준다.

3 코팅이 잘 된 지름 20cm 프라이팬을 불에 올린다. 프라이팬에 버터를 넣고 버블이 일면 프라이팬을 기울이며 전체적으로 버터를 코팅한다. (실수로 버터가 갈색으로 변하기 시작했다면 주저하지 말고 키친타월로 깨끗이 닦아내고 처음부터 다시 시작한다.)

4 불이 높지 않은 것을 확인한 후 풀어둔 달걀을 프라이팬에 부어준다. 나무젓가락 또는 작은 스패출러를 손에 쥔다. 익어가는 달걀의 가장자리부터 작은 동그라미를 그리듯 섞는다. 다른 한 손으로는 프라이팬 손잡이를 흔들며 익지 않은 달걀이 프라이팬 바닥을 채우도록 해준다.

5 달걀이 더 이상 흐르지 않는 상태가 되고, 달걀의 윗면이 살짝 덜 익어 반짝이는 순간 파르미지아노 치즈를 윗면에 뿌리고 불을 끈다.

6 스패출러나 뒤집개를 이용해 오믈렛의 오른쪽을 중심 쪽으로 접는다. 또 오믈렛의 왼쪽을 중심 쪽으로 접은 다음 접시에 담는다. 간단한 샐러드와 함께 접시에 담아 낸다. 타이밍을 놓치지 않고 불 옆에 미리 접시를 준비하는 것이 중요하다. 담을 때는 윗면이 아래로 뒤집어지지 않도록 조심한다. 잘 담아진 스크램블 위에 취향대로 소금과 후추, 가능하다면 여분의 버터로 마무리하면 완벽한 스크램블드 에그가 될 것이다.

CINNAMON FRENCH TOAST
시나몬 프렌치 토스트

프렌치 토스트는 쉽다. 재료도 심플하고 실패할 확률도 적다. 그래서 눈을 비비고 일어나 잠이 덜 깬 상태에서도 뚝딱뚝딱 만들어 근사하게 보이기에도 좋은 메뉴이다. 아래에 적힌 레시피로 한번 만들어보고 달걀 믹스처의 대략적인 감만 눈치챘다면 그 다음엔 레시피 없이 눈대중으로만 만들어도 실패하지 않을 것이다. 토스트 윗면을 달콤하고 단단하게 캐러멜라이징한 것은 이 메뉴의 키포인트이니 이 과정에서 타지 않도록 조심하도록 하자.

Ingredients

달걀 3개
생크림 50ml
우유 50ml
백설탕 2Tbsp
바닐라에센스 2tsp
시나몬가루A 1/2tsp
시나몬가루B 2tsp
비정제 황설탕 2Tbsp
브리오슈 360g 내외
버터 3Tbsp

1 프렌치 토스트를 촉촉하게 적실 달걀 믹스처를 만들기 위해 넓고 낮은 볼 속에 달걀, 생크림, 우유, 백설탕, 바닐라에센스, 시나몬가루A를 넣고 핸드 믹서 또는 거품기로 섞는다. 달걀 멍울이 모두 사라지고 설탕이 잘 녹을 수 있도록 충분히 섞어야 한다.

2 브리오슈는 옆면의 크러스트를 얇게 슬라이스해 제거한 후 큼직한 두께로 5~6조각 정도로 나눈다. 브리오슈 윗면에 뿌려 반짝거림을 더해줄 시나몬 설탕은 시나몬가루B와 비정제 황설탕을 섞어 만들면 된다. 비정제 황설탕은 백설탕으로 대체해도 좋다. 위에서 만든 달걀 믹스처에 브리오슈를 적신 후 한쪽 면에 시나몬 설탕을 뿌린다.

3 넓은 프라이팬을 불에 올린다. 센 불로 예열한 다음, 가장 낮은 불로 낮추어 토스트를 굽는 것이 좋다. 버터를 1Tbsp 넣고 팬을 코팅하듯 굴린다. 버블을 일으키기 시작하면 브리오슈를 팬에 올리는데, 시나몬 설탕을 뿌려두었던 윗면을 먼저 굽는다. 프라이팬 온도가 오르지 않도록 낮은 불을 유지하며 천천히 색을 내는 것이 좋다. 뒤집개로 살짝 들어 설탕이 어느 정도 녹아 색을 내는지 확인하고 뒤집어 반대쪽 면도 구워준다.

4 빵을 뒤집을 때는 버터를 조금씩 추가한다. 새로운 빵을 구울 때는 키친타월로 팬 바닥에 붙어 있는 시나몬 설탕과 버터를 닦아내는 것이 좋다. 완성된 토스트는 접시에 담아 메이플시럽이나 과일을 함께 곁들이면 더없이 완벽한 아침이 될 것이다.

SAVORY WAFFLES &
PIPERADE SCRAMBLED EGGS
세이보리 와플 & 피페라드 스크램블드 에그

SERVES 2

주말 아침, 가족을 위한 여러 가지 아이디어 중 내가 특
히 좋아하는 메뉴가 바로 이 짭짤한 식사용 와플이다.
달걀, 아보카도, 구운 토마토, 베이컨 등 좋아하는 어
떤 재료와도 어울린다. 비결은 와플에 들어가는
세몰리나 가루다. 세몰리나는 입자가 크고 오돌
토돌한 질감이라 씹는 재미와 함께 고소한 맛
까지 선사한다. 버터 대신 올리브오일을 넣
어 반죽을 더욱 바삭하고 촉촉하게 만들어
주는 것도 또 하나의 비결이다. 와플과 함
께 곁들일 스크램블은 색색의 피망과 토마
토를 곁들인 피페라드 스타일(스페인 바
스크 지방에서 유래된 고추와 토마토를
넣은 오믈렛)로 만들어 색감도, 맛도, 기
분까지도 풍성하게 만들어준다.

Waffles

강력분 45g
박력분 45g
세몰리나 60g
베이킹파우더 1tsp
베이킹소다 1/4ts
소금 1/2tsp
설탕 2Tbsp
달걀 1개
우유 115ml
요거트 100ml
올리브오일 1Tbsp
체다치즈 60g
차이브 2Tbsp

1 와플 기계를 예열해둔다. 볼에 가루 재료(강력분, 박력분, 세몰리나, 베이킹파우더, 베이킹소다, 소금, 설탕)를 체 쳐둔다.

2 다른 볼에 달걀, 우유, 요거트, 올리브오일을 넣고 잘 섞는다. 그리고 체 쳐둔 가루 재료와 잘 섞는다. 여기에 잘게 자른 체다치즈와 차이브를 넣고 살짝 섞어준다. 완성된 반죽을 와플 기계에 붓고 와플 기계의 매뉴얼대로 굽는다. (약 4~5분)

Scrambled Eggs

청피망 1개
빨강 피망 1개
방울토마토 10개
올리브오일 2tsp
달걀 4개
생크림 2Tbsp
소금 두 꼬집
버터 1Tbsp
슬라이스 햄 4장

3 청피망과 빨강 피망은 씨를 빼 세로로 가늘게 자르고, 방울토마토는 반으로 갈라 준비한다.

4 프라이팬을 불에 올리고 오일을 살짝 두른다. 준비한 청피망, 빨강 피망, 방울토마토를 넣고 가장자리가 조금 그을릴 정도로 색을 내주며 익혀 접시에 담아 잠시 둔다.

5 달걀과 생크림, 소금을 잘 풀어 달걀 믹스처를 만든다. 또 다른 프라이팬을 불에 올린 다음 버터를 두르고 달걀 믹스처를 넣어 스크램블을 만든다.

6 완성된 와플 위에 슬라이스 햄을 2장씩 올리고 그 위에 스크램블, 구워둔 청피망, 빨강 피망, 방울토마토를 올린다.

EGGNOLIA

에그놀리아

봄을 알리는 꽃인 목련(magnolia)이 봉긋하게 하늘을 향해 솟아 있는 모양이 하얀 달걀처럼 보였다. 봄처럼 기쁘고, 자연을 담은 달걀 요리가 뭘까를 생각하며 에그놀리아(egg+magnolia=eggnolia)를 만들게 되었다. 에그놀리아는 빙봉이 오픈한 지 7년째가 되었을 때 우리를 가장 잘 보여줄 수 있는 음식으로 개발한 메뉴이다. 향기로운 바질페스토와 강렬한 색의 비트 피클, 건강한 보리와 퀴노아, 바삭하게 씹히는 프라이드 칙피, 깨트리면 그 안에서 소스(노른자)를 쏟아내는 수란까지. 에그놀리아의 레시피를 정리하며 이렇게도 많은 프렙을 해야 한다니. 스스로도 너무 놀라긴 했지만 빙봉의 에그놀리아는 채식주의자들과 건강하고 스타일리시한 브런치를 찾는 이들에게 많은 사랑을 받고 있기에 이 책에서 꼭 소개하고 싶은 음식이었다. 만약 모든 재료들을 조합하기에 부담스럽다면 좋아하는 세 가지만 골라서 만들어도 충분히 훌륭한 메뉴가 될 것이다.

Basil Pesto

바질 80g
마늘 40g
잣 20g
파르미지아노 치즈 40g
엑스트라버진 올리브오일 1cup + α
소금 2tsp

1 먼저 오일을 두르지 않은 프라이팬에 잣을 넣고 낮은 불에서 아주 가볍게 볶는다. 잣 겉면이 윤기가 나고 살짝 갈색빛이 돌기 시작하면 팬에서 내려 잠시 둔다. 같은 프라이팬을 불에 올려 오일을 두르고 마늘을 튀기듯 굽는다. 마늘 겉면이 보기 좋은 갈색 빛으로 익으면 불에서 내린다.

2 푸드프로세서에 가벼운 재료부터 담는다. 바질 - 갈아둔 파르미지아노 치즈 - 소금 - 구운 잣과 마늘 순으로 담고 그 위에 엑스트라버진 올리브오일 1cup을 부은 후 푸드프로세서를 돌려 바질페스토를 완성한다.

Beet Pickle

비트 1/2개
물 1cup
식초 1/3cup
설탕 1/3cup
소금 1tsp
피클링 스파이스 1tsp

3 비트는 채 썰어 두거나 그레이터를 이용해 길쭉하게 모양을 내 유리 밀폐용기 속에 담아둔다.

4 소스팟에 물, 식초, 설탕, 소금, 피클링 스파이스를 넣고 끓인다. 팔팔 끓으면 피클링 스파이스를 제거한 후 비트 위에 붓는다. 한 김 식으면 뚜껑을 닫고 냉장고에 보관해둔다.

Quinoa-Barley Rice

퀴노아 1/3cup
보리 2/3cup
물 1.5cup

5 퀴노아와 보리를 흐르는 물에 씻은 후 소스팟에 넣고 물을 채워 뚜껑을 닫고 끓인다.

6 뚜껑에서 연기가 나며 끓으면 뚜껑을 열지 않고 불을 최대한 낮춘 상태로 10분간 둔다. 10분 후에는 불을 끄고 뚜껑을 닫은 상태로 5분 정도 더 두어 퀴노아보리밥을 완성한다.

Fried Chickpea

칙피(병아리콩) 400g(1can)
베지터블오일 2cup

7 캔에 든 칙피를 물에 헹구어내고 종이타월에 받쳐 물기 없이 잘 말린다.

8 말린 칙피는 오일과 함께 소스팟에 넣고 중불에서 튀긴다. 칙피에 물기가 남아 있거나 강한 불에서 튀기면 칙피가 폭탄처럼 튀어오를 수 있으니 주의한다. 만약 중불에서도 튀어 오른다면 약불로 낮추어 튀긴다. 칙피가 선명한 갈색빛이 돌고 콩 안까지 바삭하게 익으면 불에서 내려 종이타월에 받쳐 기름기를 제거한다.

Plate

올리브오일 조금
마늘 4알
시금치 한 줌
아보카도 1개
수란(30p) 2개
파슬리 2줄기

9 프라이팬을 불에 올리고 오일을 조금 두른 후 으깨 다진 마늘을 넣는다. 마늘 향이 나며 부드러워지면 시금치를 넣고 불을 끈 다음 남은 열기로 시금치를 익힌다. 이것을 볼에 담고 위에서 만든 퀴노아보리밥 약 300g, 바질페스토 2Tbsp을 익힌 시금치와 함께 잘 섞어 두 개의 접시에 나누어 담는다. 이 위에 6등분한 아보카도, 비트 피클, 수란을 하나씩 올린 다음 튀긴 칙피를 뿌린다. 가니쉬로 파슬리를 얹으면 에그놀리아가 완성된다.

SESAME PRAWN TOAST
참깨 새우 토스트

이름 그대로 참깨와 새우를 넣고 빵과 함께 토스트한 이 요리는 중국식 딤섬 요리 중 하나인데, 우리가 흔히 알고 있는 '멘보샤'와 매우 흡사하다. 겉면에 잔뜩 바른 고소한 참깨가 부드러운 새우 살과 잘 어우러지는 음식으로 간식이나 에피타이저로 먹기에 아주 좋다. 참깨나 참기름, 간장과 같은 아시아의 식재료를 사용하면서도 빵과 함께 함으로써 브런치의 무드를 충분히 낸다는 점에서 매우 매력적으로 다가오는 음식이다. 기름에 튀기듯 조리하기 때문에 조리 후 바로 먹는 것을 추천한다. 조심할 것은 매우 중독성이 강하다는 점이다.

Ingredients

새우 250g
쪽파 2줄기
생강 1tsp
간장 1tsp
설탕 1/2tsp
참기름 1/2tsp
달걀흰자 1개분
후추 약간
식빵 4장
참깨 4Tbsp
베지터블오일 50~100ml

1 새우는 내장과 껍질을 제거해서 칼로 아주 잘게, 으깨듯 다진다. 볼에 다진 새우, 작게 다진 쪽파, 갈아둔 생강, 간장, 설탕, 참기름, 달걀흰자를 넣고 섞어 페이스트 형태로 만들어둔다. 여기에 후추를 갈아 넣고 가볍게 섞어 새우 페이스트를 만든다.

2 식빵 1장을 대각선으로 잘라 4조각으로 만든다. (모두 16조각이 만들어진다.) 식빵 윗면에 위에서 만든 새우 페이스트를 얇게 바르고 참깨를 골고루 뿌린다.

3 팬을 불에 올리고 베지터블오일을 넣어 가열한다. 오일의 양은 팬의 크기에 따라 달라질 수 있지만 빵 두께 정도로 충분히 부어주는 것이 좋다. 오일의 온도가 180℃ 가 되도록 예열하거나 빵 조각을 떨어트려 보았을 때 버블을 일으키며 기름 위로 솟아오르면 위에서 만든 새우 토스트를 넣고 굽는다. 참깨와 새우를 바른 면이 아래로 가서 먼저 튀겨질 수 있도록 한다. 약 2분 정도 튀겨 색이 어느 정도 나오면 뒤집어서 뒷면도 밝은 갈색이 나올 때까지 2분 정도 더 튀긴다.

4 완성된 토스트는 종이타월을 받쳐 기름을 충분히 뺀다. 따뜻할 때 먹고, 취향에 따라 스리라차 소스나 스위트칠리 소스를 곁들여도 좋다.

GAZPACHO
가스파초

일 년 중 맑은 하늘을 볼 수 있는 날은 손에 꼽힐 정도다. 사람들은 화창한 하늘을 보면 무언가에 이끌리듯 밖으로 나가고, 완벽한 브런치의 배경은 반드시 멋진 날씨인 듯 브런치 리뷰를 보면 맛과 더불어 날씨를 언급하는 사람들이 많았다. 브런치는 날씨와 함께 먹는 것임에 틀림없고 맑은 날의 식사는 그 어떤 보약과도 비교할 수 없을 것이다. 하지만 미세먼지가 기승을 부리고 답답한 시간들이 이어진다면 멀리 나가는 피크닉 대신 내 주변의 작은 자연을 만드는 것은 어떨까. 내 집 테라스도 좋고, 도서관 뒤뜰이나 아파트 공원도 좋다. 미세먼지에 좋고 체중 조절식으로도 완벽한 차가운 토마토 수프 가스파초를 만들어보자. 가스파초의 주재료인 토마토와 파프리카는 항암작용을 하는 라이코펜 성분이 다량 들어 있으며, 특히 토마토는 미세먼지로부터 폐를 보호해주는 역할을 해낸다. 파프리카 역시 우리 몸의 면역력을 키워주고 항산화에 탁월하고 혈당이 높은 사람에게도 좋은 재료다. 우리나라 토마토는 당도가 강하지 않기 때문에 수박을 첨가해 달콤함과 시원함을 배가시켰다. 가스파초에 들어가는 화이트와인 비네거는 주방에서도 여러모로 용도가 많으니 품질 좋은 제품을 사용하길 권한다.

Ingredients

빨강 피망 **1개**
초록 피망 **1개**
오이 **1개**
완숙 토마토 **2개**
수박 **200g**
마늘 **1개**
엑스트라버진 올리브오일 **125ml**
소금 **1/4tsp**
화이트와인 비네거 **2T**
라임즙 **라임 1개 분량**
민트잎 **5g**
크루통 **1cup**

1 빨강 피망, 초록 피망, 오이, 토마토는 깍둑썰기해 준비한다. 마늘은 으깨 다지고, 민트잎은 잘게 다져둔다.

2 빨강 피망, 초록 피망, 오이, 토마토는 각각 1Tbsp씩만 남겨두고 블렌더에 넣는다. 여기에 조각낸 수박, 마늘, 올리브오일, 소금을 넣고 완전히 갈아낸다. 블렌더에서 갈린 채소들을 채망이나 면보를 이용해 한 번 더 걸러내 즙만을 취한다.

3 여기에 화이트와인 비네거와 라임즙, 민트잎을 넣어 상큼함을 더한다. 취향에 맞게 소금이나 설탕을 더해도 좋다. 완성된 가스파초를 냉장고에 넣고 최소 2~3시간 차갑게 만든다.

4 차가워진 가스파초를 집에서 바로 먹을 때는 볼에 담아 위에서 1Tbsp씩 남겨둔 채소들과 크루통을 올리면 완성된다. 이 수프를 밖으로 가지고 나간다면 스테인리스 보온병과 같은 텀블러에 담고 가스파초와 깍둑썰기한 채소들을 함께 넣어둔다. 크루통은 따로 담아가도록 한다.

POTATO & WATERMELON-RADISH SOUP

감자 & 수박무 수프

핑크색은 사람을 즐겁게 만든다. 무뚝뚝한 남자가 핑크색의 스웨터를 입은 것처럼, 평범한 감자가 수박무를 만나면 이렇게 발랄한 카페 푸드로 변신할 수 있다. 비트, 수박무, 래디쉬는 인공색소로 표현할 수 없는 자연스러운 핑크빛을 만들어주는 데 일등공신이다. 이런 재미를 무척이나 좋아하는 나에게 꽤나 흥미로운 메뉴가 바로 이 핑크색 감자 수프다. 귀여운 핑크빛과는 달리 맛은 다소 심심할지도 모른다. 매운 무의 맛은 감자와 함께 어우러져 사라지고 부드러움과 담백함만이 남기 때문이다.

Vegetable Stock

물 **2L**
양파 **1개**
대파 **1대**
셀러리 **1대**
당근 **1개**
마늘 **5알**
이태리파슬리 **1줄기**
월계수 **2장**
로즈마리 **약간**
타임 **약간**

1 깊고 큰 팟에 베지터블 스톡 재료를 모두 넣고 불에 올린다. (양파는 4등분, 대파와 셀러리는 3등분, 당근은 5등분해 넣는다. 월계수는 다시백 속에 담아 넣는다.) 끓기 시작한 후 물 위에 떠다니는 불순물은 체로 건져낸다.

2 뚜껑을 닫고 약한 불에서 20~30분 정도 더 끓여낸다. 불을 끈 후 푹 익은 채소들을 버리고 액체만 체에 걸러 맑은 상태로 만든다. 수프에 쓸 700ml를 제외한 남은 스톡은 냉장 또는 냉동고에 보관해둔다.

3 감자는 껍질을 벗겨 주사위 모양으로 썰어둔다. 수박무는 연둣빛 껍질을 제거하고 수박색 속만 주사위 모양으로 썰어 사용한다. (수박무를 구하기 어려운 계절이라면 동량의 래디쉬로 대체 가능하다.)

4 적당한 크기의 팟(2~3L)을 준비하고 올리브오일을 잘 두른다. 여기에 썰어둔 감자를 넣고 살짝 볶아준다. (너무 센 불은 피하도록 하자. 감자가 냄비에 그을린 부분이 많을수록 예쁜 핑크색을 얻기 힘들기 때문이다.) 감자의 모서리가 조금씩 뭉개지기 시작할 때 만들어둔 베지터블 스톡을 붓는다. 뚜껑을 닫고 중불에서 10분 정도 익힌다. 뚜껑을 열고 수박무를 팟에 넣고 다시 뚜껑을 덮어둔다. 여기서 또 10분을 더 익힌다.

Soup

감자 **500g**
수박무 **500g**
생크림 **200ml**
베지터블 스톡 **700ml**
올리브오일 **약간**
소금 **2tsp**
사워크림 또는 요거트 **1Tbsp**

5 감자와 수박무가 부드럽게 뭉개지는 것을 확인하면 불에서 내린다. 핸드블렌더를 이용해 감자, 수박무, 스톡이 아주 부드러워질 때까지 갈아준다. 점차 연한 핑크빛이 돌 것이다. 덩어리가 남아 있지 않은 것을 확인했다면 여기에 생크림과 소금을 더한다.

6 다시 불에 올린 다음 끓어오르기 직전에 불을 끄고 수프볼에 담는다. 미리 준비했던 요거트나 사워크림을 수프 윗면에 살짝 올려주면 수프 맛을 한층 더 끌어올려줄 것이다.

KALE PERSIMMON SALAD
케일 단감 샐러드

계절이 바뀔 때마다 메뉴판에서 가장 먼저 바꾸고 싶은 메뉴가 바로 샐러드다. 샐러드는 계절을 그대로 담을 수 있고, 우리가 항상 많은 식재료에 관심을 가지고 있다는 것을 전달하기에도 좋은 메뉴이기 때문이다. 하지만 사람들이 가장 보수적으로 선택하는 메뉴 또한 샐러드다. 많은 메뉴들 중에서 한 가지를 선택하라면 샐러드 메뉴에 모험하고 싶지 않아 하고, 이름이나 재료마저 생소하면 더욱 뒷전으로 밀려나기 일쑤다. 집에서 간단하게 샐러드나 만들어보자고 생각했을 때에도 비슷한 생각이 적용된다. 샐러드 아이디어가 빛을 발하려면 내가 어떤 식재료를 좋아하는지 늘 눈여겨둘 필요가 있다. 이 샐러드는 많은 사람들이 호불호 없이 좋아하는 시저 샐러드처럼 느껴진다. 로메인레터스 대신 어린 케일을, 계절과일로는 단감을 얇게 슬라이스해서 올려보았다. 태추단감은 씨가 없어 그대로 슬라이스해 샐러드에 올리기에 좋은 품종이다. 단감 대신 사과를 올려도 훌륭하다. 견과류를 좋아한다면 구운 피칸이나 호두를 곁들여도 좋다.

Ranch Dressing

마요네즈 150g
그릭요거트 75g
꿀 3Tbsp
레몬즙 3Tbsp
소금 1/4tsp

1 랜치 드레싱 재료는 한 볼에 모두 넣고 잘 섞어 완성해둔다.

Salad

어린 케일잎 30g
케일잎 30g
태추단감 1개
살라미 소시지 50g
파르미지아노 치즈 2Tbsp

2 케일잎은 흐르는 물에서 잘 씻어 물기를 빼둔다. 큰 케일잎은 한 잎 크기로 썰어둔다. 태추단감은 과일의 가로 방향대로 얇게 슬라이스하고 4등분해 부채꼴 모양으로 썰어둔다. 씨가 있는 단감을 사용한다면 씨 부분을 제거하고 썰어두도록 한다.

3 살라미 소시지는 작은 크기로 썰어 프라이팬에 기름 없이 3~4분간 익힌다.

4 그릇에 케일잎, 태추단감, 살라미 소시지를 섞어 담는다.

5 파르미지아노 치즈를 곱게 뿌려둔다. 드레싱을 재료와 미리 섞어서 담아도 좋지만 식사를 하기 직전에 드레싱을 뿌리면 샐러드의 숨이 죽지 않아서 좋다. 단, 드레싱은 너무 많이 뿌리지 않도록 한다.

YOU ARE
THE EGG
TO
MY BREAD
AND
THE BREATH
TO
MY LIFE

'YOU ARE THE BUTTER
TO MY BREAD
AND THE BREATH
TO MY LIFE'

'당신은 빵 위에 버터이고,
내 삶의 숨결이에요.'

영화 <줄리&줄리아> 중

Chapter 3

AT BRUNCH TIME

'브런치brunch'는
'breakfast'와 'lunch'를 합친 단어로, 영국 빅토리아 시대에 탄생한 말입니다.

경제적, 시간적 여유가 많은 부르주아들에 의해
브런치는 부의 상징이 되었고,
아침 일찍 사냥을 하고 들어오거나
느즈막이 일어나 오전 내내 즐기는 브런치는
귀족적인 삶 그 자체가 되었습니다.

지금도 브런치는 여유로운 삶의 단편입니다.

브런치를 즐기러 오는 사람들은 항상 좋은 사람들과 함께 오며 얼굴에는 미소가 가득합니다.

예쁘고 정성껏 만든 음식은 기분을 한껏 끌어올리고,

자신의 소중한 이야기와 상대방의 진심어린 호응을 브런치와 함께 나눕니다.

햇살을 받으며 브런치를 즐겼던 그 순간은

마음으로 찍어둔 사진처럼 오래 간직됩니다.

브런치를 즐기는 사람들은

삶의 낭만과 멋을 아는 사람들이 분명합니다.

GALETTE
갈레트

흔히 '크레페'라고도 하는 갈레트는 프랑스식 팬케이크라 할 수 있다. 부풀어오른 모양의 팬케이크나 크럼펫과는 달리, 갈레트는 패브릭처럼 얇다. 그럼에도 그 위에 재료를 담거나 포장할 수 있다. 메밀로 만든 음식이기에 풍미가 좋고 맛이 고소하고 소화력도 탁월하다. 갈레트 또는 크레페는 아직까지도 대중성을 갖고 있지는 않은 듯하다. 대중성을 갖기 위해서는 가정에서도 만들 수 있어야 하는데 슈퍼마켓에서 메밀가루와 크레페용 팬을 구하기 어렵기 때문이라고 생각한다. 하지만 이 일을 너무 크게 여길 필요는 없다. 메밀가루를 선택하는 방법과 크레페팬을 구할 수 있는 방법까지 소개해보려 한다. (이 레시피에서는 '크레페'라는 단어와 '갈레트'라는 단어를 거의 비슷한 의미로 혼용하고 있다.)

Galette Batter

메밀가루 125g
박력분 125g
달걀 4개
우유 400ml
물 400ml
녹인 버터 60g
여분의 버터
소금 약간

1 볼에 달걀을 깨 잘 풀어준 후 우유, 물과 함께 섞어 달걀 믹스처를 만든다. 또 다른 볼에 메밀가루, 박력분, 소금을 체 쳐 두고 만들어둔 달걀 믹스처에 세 번에 나누어 넣으며 잘 섞는다. 여기에 녹인 버터를 넣고 휘퍼로 잘 저어주면서 밀가루 덩어리를 완전히 풀어준다. 큰 원을 그리며 젓는 것과 함께, 휘퍼로 반죽을 떡방아 찧듯 쿵쿵 내리쳐주는 것도 필요하다. 완성된 반죽은 볼이나 컨테이너에 담아 랩으로 밀봉해 냉장고에서 1~2시간 휴지시킨다.

2 갈레트를 만들기 30분 전에 반죽을 상온에 꺼내둔다. 갈레트를 만들어내기 적당한 얇고 넓은 프라이팬을 준비해 불에 올려 연기가 날 때까지 두었다가 불을 꺼 서서히 식힌다. (넓은 프라이팬이 중심부부터 가장자리까지 균일하게 열을 전달하기 위해 필요한 과정이다.)

3 프라이팬을 완전히 식히지 않고 손바닥을 대었을 때 따끈한 열기가 남아 있음을 확인했다면 브러쉬를 이용해 1/2tsp 정도의 버터를 프라이팬 전체에 발라준다. 만들어둔 반죽을 한 국자 떠서 크레페 팬 위에 붓는다. 동시에 다른 한 손으로는 반죽이 잘 굴러갈 수 있도록 한쪽 방향으로 돌려가며 기울여준다.

4 반죽을 잘 부었다면 불 위에 팬을 올리고 30초~1분을 둔 후 윗면이 마르며 구멍이 뚫릴 때 뒤집개나 얇은 스패출러를 이용해 뒤집어준다. 약 30초 정도 익힌 후 다시 한 번 더 뒤집는다.

5 원하는 모양으로 접어서 접시에 그대로 담아 플레이팅해도 좋고(81p), '비포 선라이즈 크레페' 처럼 다양한 재료를 올려 만들어도 좋다.(83p)

Tip1.
반죽을 쉽게 만드는 다른 방법이 있다. 큰 블렌더(믹서기) 속에 모든 재료를 넣고 강력한 속도로 10초 내외로 돌려주는 것이다. 이렇게 하면 모든 재료가 잘 섞이는 것과 동시에 반죽 속에 공기가 지나치게 많이 유입되는 것을 막아줄 수 있다. 휘퍼로 치는 것에 비해 밀가루 속 글루텐 작용이 거의 없고, 무엇보다 매우 간편하다.

2.
첫 갈레트는 실패할 수 있다. 크레페팬에 딱 맞는 반죽 1포션 양이 감이 잡힌다면 다음 갈레트는 조금 더 쉬워질 것이다. 남은 갈레트는 모두 구워 냉장고에서 2~3일, 냉동실에서 2달 정도 보관할 수 있다. 갈레트 사이 사이에 유산지를 끼워 보관하면 한 장씩 꺼내 사용하기 편리하다.

BEFORE SUNRISE CRÊPE
비포 선라이즈 크레페

빙봉이 처음 문을 연 2011년부터 지금까지 가장 많이 사랑받은 메뉴가 바로 비포 선라이즈 크레페다. 갈레트 한 장 위에 유정란, 햄, 베이컨, 루꼴라 그리고 슥슥 뿌렸던 새콤달콤한 발사믹 글레이즈가 멋진 조합을 이룬다. 남녀노소 많은 이들에게 사랑받은 이 메뉴를 소개하고자 한다.

Ingredients

갈레트(80p) **2장**
슬라이스 햄 또는 잠봉 **2장**
달걀 **2개**
양파 **1/4개**
그뤼에르 치즈 **10g 정도**
베이컨 **4장**
루꼴라 **20장 정도**
발사믹 글레이즈 **약간**
후추 **약간**

1 크레페 팬 또는 넓은 프라이팬을 불에 올리고 갈레트를 1장 올린다.

2 갈레트 가운데에 슬라이스 햄을 올리고 달걀을 깨트려 올린다. 흰자는 전체적으로 넓게 펴주고 노른자는 갈레트 중심에 오도록 한다. 그 위에 슬라이스한 양파, 갈아둔 그뤼에르 치즈를 올린 다음 치즈가 녹으면 그대로 접시에 담는다. 접시가 작다면 4면을 접어 사각형으로 만든다.

3 베이컨은 프라이팬에서 구운 후 갈레트에 올려진 달걀노른자를 감싸듯 2장씩 올린다.

4 갈레트 가장자리에 루꼴라를 둥글게 올리고 빗금을 치듯 발사믹 글레이즈를 뿌린다. 취향껏 후추를 더한다.

Tip1.
가정에서 갈레트를 만들다 실패하는 이유 중 하나는 메밀가루 때문이다. 슈퍼마켓에서 메밀가루를 파는 경우도 많지 않지만, 어쩌다 대형마트에서 메밀가루를 사서 만들면 반죽이 축 처져버리거나 부침개 같은 쫄깃하고 두꺼운 반죽이 되어버린다. 이유는 메밀가루 속에 포함된 전분 때문이다. 전분이 포함된 메밀가루는 부침개를 만들 때 적당한 용도로, 갈레트를 만들기 위해서는 메밀 외에 아무것도 포함되지 않은 100% 메밀가루가 필요하다. 일명 '순 메밀가루'라고 하는 이 제품은 온라인 마켓에서 구할 수 있다.

2.
갈레트를 만들기 적당한 팬은 얇고 넓은 팬이다. 팬의 턱이 거의 없어야 갈레트를 만들기 쉽다. 25cm 내외 작은 크기의 갈레트팬은 대형마트 또는 국내 온라인 사이트에서 구입이 가능하다. 만약 28cm 이상의 큰 갈레트팬이 필요하다면 해외 직구 사이트를 이용하는 것이 좋다.

How To Eat Before Sunrise Crepe

SOUFFLÉ PANCAKES
수플레 팬케이크

얼마나 더 풍성하게 부풀어올랐는지에 따라 사람들을 유혹하는 정도도 달라지는 수플레 팬케이크. 기본적으로 들어가는 달걀의 양보다 더 많은 양의 달걀흰자를 사용해 머랭을 쳐 구워야 폭신하고 풍성한 팬케이크가 완성된다. 사실 아메리칸 스타일의 기본 팬케이크를 만들더라도 달걀은 흰자와 노른자를 분리해서 흰자를 머랭으로 만들어 다른 반죽과 섞는 것이 팬케이크를 만드는 기본 레시피라고 할 수 있는데, '수플레'라는 이름을 내건 이상 더 많은 양의 머랭과 굽는 과정에서 '찌는' 역할을 하는 수분과 뚜껑도 꼭 필요한 요소가 될 것이다.

Ingredients

중력분 120g
황설탕 43g
소금 2.5g
베이킹파우더 7g
베이킹소다 2g
달걀 2개
달걀흰자 4개
녹인 버터 20g
우유 60ml
바닐라에센스 1/4tsp
여분의 버터
메이플 시럽 **적당량**

1 볼에 중력분, 황설탕, 소금, 베이킹파우더, 베이킹소다를 체 쳐둔다.

2 또 다른 볼에 달걀 2개, 녹인 버터, 우유, 바닐라에센스를 잘 섞어 완벽한 액체로 만들어둔다.

3 핸드믹서를 이용해 달걀흰자를 머랭 상태로 만들어 또다른 볼에 담아둔다. 달걀흰자를 들어올렸을 때 작은 뿔을 만들 수 있을 정도로 휘핑하는 것이 중요하다. 기계를 너무 오래 작동하면 머랭이 뚝뚝 끊어지게 되고, 너무 짧게 작동하면 머랭이 축 쳐져서 반죽이 묽어지게 된다.

4 세 개의 볼 속에 각각 다른 재료가 담겨 있을 것이다. **1**을 **2**에 세 번 정도 나누어 섞어준다. 다 섞이면 완성한 머랭도 세 번에 나누어 반죽 속에 섞는다. 머랭을 누르거나 짓이기지 않고, 스패출러를 세워 머랭과 반죽을 반으로 나누듯 바닥 쪽 반죽을 들어 위쪽으로 살살 얹어주면서 섞는다. 너무 많이 섞지 않도록 주의한다.

5 그릴 또는 프라이팬을 불에 올린다. 너무 뜨겁게 달구어지지 않을 정도의 온도로, 손바닥을 올려보았을 때 따뜻한 기운을 느끼거나 버터를 살짝 떨어트렸을 때 짙은 갈색으로 변하지 않으며 버블을 일으키는 정도이다. 버터는 그릴을 살짝 그리즈한 다음 스크래퍼로 가볍게 긁어낸다.

6 국자나 주걱을 이용해 팬케이크 한 덩이 분량(전체의 1/6)을 떠서 그릴 위에 올린다. 반죽을 주걱으로 꾹꾹 누르지 않아 윗부분이 자연스럽게 봉긋 솟아 있는 모양을 유지한다. 프라이팬이나 그릴에 뚜껑이 있다면 작은 티스푼으로 바닥에 물을 살짝 넣은 다음 뚜껑을 닫아두면 더욱 촉촉하고 안정감 있게 익는다.

7 그릴의 온도에 따라 시간의 차이는 조금 있지만 한 면이 익고 뒤집어도 되는 상태가 되려면 약 4분 내외가 걸린다. 육안으로 보기에 팬케이크의 옆면 아래쪽이 말라 있어야 하고, 팬케이크 윗면에 구멍이 뚫리는 정도다. 대략 60% 정도 익힌 상태에서 뒤집는 것이 좋다.

8 뒤집개나 스크래퍼를 이용해 살짝 뒤집어준다. 역시 옆면의 상태를 보며 옆면이 잘 마를 때까지 중약불을 유지한다. 스푼으로 물을 뿌리고 뚜껑을 다시 덮는다. 역시 약 4분 내외로 두어야 원하는 상태로 익힐 수 있다. 단, 완벽히 익히기 위해 너무 오래 두면 조금 질기거나 퍽퍽해질 수 있다.

9 다 익은 팬케이크는 겹쳐서 위로 쌓을 수도 있고, 한 장씩 겹치며 옆으로 뉘어서 플레이팅할 수도 있다. 취향 대로 메이플 시럽을 뿌려 먹는다.

HUEVOS RANCHEROS
우에보스 란체로스

세상의 모든 아침 식사에는 달걀 요리가 빠질 수 없다. 타코나 부리또, 퀘사디아 같은 요리로 우리에게 친숙한 멕시코 역시 달걀을 주인공으로 한 아침 메뉴가 있다. 우에보스 란체로스(huevos rancheros). 'huevos'는 달걀, 'rancheros'는 농장지기라는 말로 '농장지기의 달걀'이라는 뜻이다. 달걀과 토마토 소스, 아보카도 그리고 고수와 큐민 향이 더해져 부드럽고 강렬한 그 맛에 오래전부터 좋아했는데 국내에서 이 음식을 파는 곳이 많지가 않아 여행을 할 때나 접할 수 있었다. 만드는 방법은 그리 까다롭지 않다. 토마토 소스를 직접 만드는 수고를 빼고 시판 소스를 사용한다면 더욱 쉽게 만들 수 있을 것이다.

Tomato Sauce

양파 200g
당근 80g
셀러리 40g
올리브오일 120ml
굵은소금 조금
마늘 1개
신선한 바질 잎 10g
이태리파슬리 10g
다이스토마토 800g
핫소스 또는 스리라차 소스 1/4tsp
설탕 조금

1 양파, 당근, 셀러리, 바질 잎, 이태리파슬리는 적당한 크기로 다진다. 마늘은 으깬 후 다져둔다.

2 큰 팟을 준비해 올리브오일을 두르고 양파, 당근, 셀러리를 넣고 볶는다. 채소가 바닥에 눌어붙지 않도록 주의하며 중불에서 계속해서 주걱으로 섞다가 채소가 투명하고 부드러워지면 굵은소금, 마늘을 넣고 30초 정도 더 익혀 약간의 색을 내준다.

3 바질 잎, 이태리파슬리, 다이스토마토를 넣고 다시 주걱으로 섞으며 강불에서 끓인다.

4 끓기 시작하면 불을 약불로 줄이고 뚜껑을 덮지 않은 채로 20~30분간 졸이며 계속 저어준다. 어느 정도 걸쭉한 질감이 나오면 핫소스 또는 스리라차 소스를 첨가하고 취향에 맞게 설탕을 더해 토마토 소스를 완성한다. 완성된 토마토 소스는 우에보스 란체로스에 사용할 1컵만 남겨둔다. (남은 토마토 소스는 토마토 파스타 등의 요리에 사용할 수 있다.)

Huevos Rancheros

적양파 **1/2개**
고수 **1Tbsp + α(장식용)**
방울토마토 **10개**
지름 15cm 토르티야 **5장**
달걀 **3개**
아보카도 **2개**
라임즙 **라임 1개 분량**
소금 **약간**

5 적양파, 고수는 다져두고 방울토마토는 씨를 뺀 후 깍둑썰기한다.

6 오븐을 180℃로 예열한다. 토르티야를 팬에 올려 앞뒷면을 살짝 구워내고 블리니팬 위에 맞추어 밀착시킨다. (만약 블리니팬이 없다면 오븐에 넣을 수 있는 원형 프라이팬 또는 오븐팬을 준비한다. 팬의 깊이가 1인치 정도 되어야 소스를 담을 수 있으므로 너무 낮지 않은 팬을 사용한다. 팬의 너비가 크다면 그에 맞는 토르티야를 선택하면 된다.)

7 팬 높이의 80% 정도까지 차도록 만들어둔 토마토 소스(약 1cup)를 담는다. 소스 위에 달걀을 깨트려 넣고 오븐에서 10분을 굽거나 달걀흰자가 완전히 하얀색으로 익은 것을 확인하면 오븐에서 꺼내도 좋다.

8 오븐에서 익는 동안 아보카도를 반으로 갈라 씨를 빼내고 과육을 1cm 크기로 슬라이스해 볼에 담는다. 여기에 잘게 다진 적양파, 방울토마토, 고수, 라임즙, 소금을 넣고 잘 버무려 아보카도 살사를 완성한다.

9 오븐에서 달걀이 익으면 꺼내 완성한 아보카도 살사를 올리고 장식용 고수를 더한다. 떠 먹기 좋은 스푼과 함께 낸다.

QUICHE LORRAINE
키쉬 로렌

키쉬는 프랑스 전통 음식으로, 쉽게 말하자면 식사용 달걀파이쯤 된다. 바삭바삭한 타르트 안에 달걀, 베이컨과 양파, 그뤼에르 치즈를 넣고 오븐에서 부드럽게 구워내어 여러 조각으로 잘라 나누어 먹기 좋은 음식이다. 키쉬는 만드는 과정이 매우 길고 손이 많이 가는 편이라 선뜻 만들어볼 엄두가 나지 않을지도 모른다. 하지만 미리 만들어두는 과정이 훨씬 많기 때문에 여러 사람이 모이는 특별한 날이라면 한 번쯤 해봄직한 브런치 메뉴다.

Crust

박력분 200g + α(덧가루용)
무염버터 100g
달걀노른자 2알
차가운 물 5~6Tbsp
소금 한 꼬집

1 무염버터는 작은 주사위 모양으로 썰어 차가운 상태로 준비한다.

2 낮고 넓은 볼에 박력분, 소금, 무염버터를 넣고, 손가락 끝을 이용해 버터를 잘게 부수며 밀가루를 입힌다. 최대한 손의 온도를 버터에 전달하지 않도록 빠른 속도로, 날가루가 날리지 않는 고슬고슬한 빵가루와 같은 입자로 만들어준다.

3 고슬고슬한 질감이 되면 달걀노른자를 넣고 다시 손가락으로 잘 섞는다. 색이 노랗게 변하면 차가운 물을 1Tbsp씩 더하면서 점차 하나의 덩어리로 만들어준다.

4 반죽을 두 손가락으로 얇게 문지르듯 펴 보았을 때 매끄럽게 느껴진다면 잘 만들어진 것이다. 질감은 좋지만 덩어리 겉면이 살짝 축축하다면 손 전체를 이용해 반죽을 몇 번 더 치대준다. 금방 수분이 손으로 스며들어 매끈하고 촉촉한 질감이 될 것이다. 이 덩어리를 동글납작하게 만들어 랩으로 싸 냉장고에서 2~3시간 휴지시킨다.

5 덧가루를 조리대 상판과 롤링핀에 아주 얇게 묻힌다. (여분의 밀가루 약간만 있으면 된다.) 덧가루를 묻힌 상판 위에 반죽을 올리고 롤링핀으로 민다. 롤링핀을 이리저리 각도를 바꾸며 밀지 않고 반죽의 중심부터 시작해 앞을 향해 한 방향으로 민다. 시계가 돌아가듯 반죽만 조금씩 돌려주면 된다. 단, 롤링핀을 반죽의 끝부분까지 다 밀지 말고 손가락 한 마디 정도 남긴 상태에서 멈춰주어야 반죽 끝만 얇아지는 것을 막을 수 있다. 이렇게 반죽을 밀어 조금씩 큰 동그라미로 만들어 나간다. 파이 틀에 들어가고 조금 남을 만큼만 민다.

6 포크를 이용해 공기가 통할 수 있도록 반죽 위에 구멍을 일정하게 찍어준다. 롤링핀을 반죽 끝에서부터 돌돌 말아 파이 틀 위에 조심스레 올려 반죽이 틀에 잘 안착되도록 밑면, 모서리, 옆면을 손가락을 이용해 꼼꼼하게 붙여준다. 윗면은 예리한 칼로 긁어 남은 반죽을 제거한다. 여기에 랩을 씌워 다시 냉장고에서 1시간 휴지시키면 또 한 번 변신하는 크러스트를 볼 수 있다.

7 휴지가 끝난 크러스트에 유산지를 깔고 누름돌을 가득 넣어 200℃로 예열한 오븐에서 30분 정도 구워준다. 누름돌을 제거한 후 다시 15분 정도 더 구워주면 크러스트가 완성된다.

Blanc & Filling

달걀 **6개**
우유 **175ml**
생크림 **175m**
소금 **2tsp**
후추 **조금**
넛멕 가루 **조금**
베이컨 **300g**
양파 **100g**
버터 **3Tbsp**

8 달걀, 우유, 생크림, 소금, 후추, 넛멕 가루를 볼에 넣고 핸드블렌더를 이용해 잘 섞어 블랑을 완성한다.

9 베이컨, 양파는 적당한 크기로 다져둔다.

10 웍이나 큰 프라이팬을 불에 올리고 2Tbsp 정도의 버터를 넣은 다음 베이컨을 넣고 센 불에서 볶는다. 베이컨에 버터 향을 입히고 베이컨의 지방은 버터에 녹여 기름을 최대한 빼주는 과정이다. 선명한 붉은 색을 내며 베이컨이 잘 익으면 체에 받쳐 기름을 빼준다.

11 팬을 잘 닦고 남은 버터를 넣은 후 양파를 넣고 볶는다. 양파가 투명해지면 체에 받쳐 수분을 빼준다.

Quiche

그뤼에르 치즈 **100g**

12 완성된 크러스트 안에 위에서 완성한 필링 재료(베이컨과 양파)를 골고루 넣고 갈아둔 그뤼에르 치즈를 수북하게 담는다. 이 위에 블랑을 한 국자씩 부어 크러스트에서 0.5cm 정도 남기고 가득 채운다. 포크나 스푼을 이용해 치즈가 블랑 속에 완벽히 잠기도록 한다.

13 180℃로 예열된 오븐에서 약 30분간 굽는다. 완성되었을 때 키쉬를 흔들어 보고 윗면이 살짝 흔들리는 것이 느껴진다면 120℃ 정도로 온도를 낮춰 10~20분 정도 더 구워준다.

14 완성된 키쉬는 뜨겁게, 차갑게, 미지근하게, 어떻게 먹어도 좋다. 냉장고에서 차갑게 식힌 뒤 칼로 자르면 예쁘게 자를 수 있다.

How To Make Quiche Lorraine

REUBEN SANDWICH
루벤 샌드위치

SERVES 2

미국식 샌드위치의 고전과도 같은 루벤을 찾는 사람들 역시 이 샌드위치에 반드시 들어가야 할 재료인 콘드비프, 사워크라우트, 스위스치즈, 러시안 드레싱의 조합을 기대할 것이다. 그 조합은 미국의 어느 델리카트슨에서 즉석으로 만들어진 것이라 알려져 있는데, 이토록 오랫동안 사랑받는 샌드위치가 될 줄 알았을까. 고전은 늘 우연을 가장해 태어나는 듯하다.

Sauerkraut

양배추 **1/4개**
소금 **1.5Tbsp**
캐러웨이씨드 **1Tbsp**

1 양배추를 잘게 썰고 볼에 담은 다음 소금을 뿌리며 손바닥으로 강하게 쥐어짜듯 문지른다. 그러면 점점 양배추에서 물이 흘러나올 것이다. 10분 정도 이 작업을 해준 다음 취향에 따라 캐러웨이씨드를 골고루 뿌린다. 뚜껑을 덮은 채로 하룻밤을 둔다.

2 양배추가 숨이 많이 죽으면 밀폐용기에 꽉꽉 채워 넣고 누름돌이나 누름 마개를 넣어 물기 속에 양배추가 잠기도록 한다. 실내 온도에 따라 냉장 보관 또는 상온 보관한다. 15~24℃ 정도라면 상온에, 그 이상이라면 상온에 더 오래 두지 않고 냉장고에서 보관한다. 약 2~3주 정도가 지나면 충분히 발효된 사우어크라우트를 먹을 수 있다. 샌드우 치를 만들기 위해서는 먹을 양만큼만 꺼내 물에서 헹궈 짜서 준비해두면 된다.

Russian Dressing

마요네즈 **200g**
케첩 **50g**
우스터소스 **1tsp**
할라피뇨 **2Tbsp**
양파 **50g**
소금 **약간**
후추 **약간**

3 할라피뇨, 양파는 잘게 다져준다.

4 모든 재료를 잘 섞어 러시안 드레싱을 완성한다.

Sandwich

사워도우 슬라이스 **4조각**
비프파스트라미 **12~14조각**
루꼴라 **20g**
썬 드라이드 토마토 **4Tbsp**
그뤼에르 치즈 **6조각**

5 사워도우는 4조각으로 슬라이스하고, 그뤼에르 치즈는 6조각으로 얇게 슬라이스한다. 썬 드라이드 토마토는 잘게 다져 준비한다.

6 그릴에 사워도우를 올려 양쪽 면을 살짝 데운다. 사워도우 한쪽 면에 러시안 드레싱을 펴 바르고, 그 위에 그뤼에르 치즈, 사우어크라우트, 비프파스트라미, 썬 드라이드 토마토, 루꼴라를 올리고 남은 사워도우 하나를 위에 올린다.

7 샌드위치를 넓은 그릴팬에 올려두고 중약불에서 구우며 손으로 살짝 눌러주거나 무거운 것을 올려두면 치즈가 완벽하게 녹아 내릴 것이다. 오븐 토스터에서 3~4분 정도 구워도 좋다.

EGGS BENEDICT
에그 베네딕트

브런치에 대한 기대치는 에그 베네딕트에서 완성된다고 생각한다. '브런치의 꽃'이라고도 불리는 에그 베네딕트는 만들기 까다로운 것으로 알려져 있는데, 먹는 방법 또한 익숙지 않다. 수란을 터트리는 순간 접시 위로 흘러내리는 노른자에 당황해 하는 사람들이 적지 않은 것이다. 그래서 에그 베네딕트를 더욱 우아하게 먹을 수 있는 방법으로 컵 속에 넣은 형태를 생각해보았다. 어머니에게 물려받았거나 빈티지숍에서 구입했던 사랑스러운 찻잔에 담으면 더욱 근사한 아침이 될 것이다.

Hollandaise Sauce

달걀노른자 **3개**
레몬즙 **레몬 1/2개 분량**
녹인 무염버터 **240g**
케이엔페퍼 **약간**
소금 **약간**
후추 **약간**

1 블렌더에 달걀노른자를 넣고 30초 정도 돌려준다. 블렌더를 이용해 소스를 만들면 빠르고 실패 없이 완성할 수 있다.

2 블렌더는 멈추지 않고 계속 돌아가고 있다. 레몬즙을 블렌더 속으로 아주 천천히 흘려준다. 달걀노른자와 러 몬즙이 한데 뒤섞이고 산산이 부서지는 과정을 통해 조금 다른 질감으로 변하는 것을 1분 ~1분 30초 정도 관찰한다. 블렌더 벽면으로 튀는 소스의 질감을 보면 쉽게 알아차릴 수 있다.

3 이제 녹인 버터를 더할 차례인 데 버터는 너무 많이 식어 있지 않도록 한다. 버터를 만졌을 때 미지근하면 홀랜다이즈 소스가 너무 묽어져 농도가 나오지 않을 수 있다. 버터의 온도는 40℃ 내외가 적당하다. 손가락으로 만졌을 때 조금 따뜻하다고 느껴지는 정드이다. 이제 아주 천천히 블렌더 속으로 버터를 흘린다. 반 이상 흘렸을 때부터 농도가 변하기 시작한다. 블렌더가 돌아가는 소리도 둔탁해짐을 느낄 수 있을 것이다. 이 소리만으로도 소스가 잘 완성되고 있음을 알 수 있다.

4 소스가 완성되면 약간의 케이엔페퍼, 후추와 소금을 취향껏 더한다.

Tip.
홀랜다이즈 소스를 만들 때 꼭 정지버터를 써야 한다고 말하기도 한다. '정제버터'란 버터를 낮은 온도에서 녹였을 때 버터 윗면의 하얀 거품과 바닥에 가라앉은 하얀 액체를 버리고 투명한 노란색 버터만을 취한 것을 말한다. 정제버터는 발연점이 높기 때문에 불에 가열하기 위한 요리용으로 특히 적합하다. 정제버터를 이용해 홀랜다이즈 소스를 만들면 버터와 노른자가 잘 분리되지 않는 안정적인 소스를 만들 수 있으며, 가벼운 느낌까지 살릴 수 있다. 반면 정제버터가 아닌 일반 무염버터를 사용하는 경우 유지방 부분을 버리지 않고 모두 취하기 때문에 소스의 농도를 더욱 걸쭉하게 만들고 고소한 풍미를 더할 수 있다. 버터의 좋고 나쁨의 문제가 아니다. 원하는 결과물에 따라 결정하면 된다.

Eggs Benedict

수란(30p) **2알**
잉글리쉬 머핀 **1개**
캐네디언 베이컨 **2장**
시금치 **한 움큼**
다진 마늘 **1tsp**
올리브오일 **조금**
소금 **약간**
허브 **약간**
후추 **약간**

5 가로로 반을 가른 잉글리쉬 머핀을 데운다. 프라이팬, 토스터, 오븐 어디든 좋다. 빵을 가장 맛있게 데울 수 있는 도구를 이용해 잉글리쉬 머핀을 데운 후 작게 잘라 준비한 컵 아래에 깔아둔다.

6 작은 프라이팬을 불에 올리고 올리브오일을 두른 다음 다진 마늘을 넣고 가볍게 익힌다. 마늘이 연한 갈색 빛을 띠고 좋은 향을 내기 시작하면, 불을 끄고 시금치를 넣어 버무리듯 숨을 죽인다. 가볍게 소금 간을 한 다음 잉글리쉬 머핀 위에 올린다.

7 사용한 프라이팬을 가볍게 닦아내고 다시 불에 올려 캐네디언 베이컨을 앞뒤로 굽는다. 캐네디언 베이컨은 지방을 최소화한 슬라이스 햄과 비슷하므로 너무 많이 구우면 퍽퍽해질 수 있다. 살짝 데운다는 느낌이면 충분하며 기호에 따라 데우지 않아도 상관없다. 이것을 시금치 위에 올린다.

8 이제 수란을 시금치 위에 올리고 만들어둔 홀랜다이즈 소스를 붓는다. 취향에 따라 후추와 허브를 뿌리면 완성이다.

TUSCAN EGGS BENEDICT
& ORANGE-HONEY HOLLANDAISE SAUCE
투스칸 에그 베네딕트 & 오렌지 허니 홀랜다이즈 소스

일반적인 에그 베네딕트를 '은은한 멋'이라고 한다면 투스칸 에그 베네딕트는 '강렬한 멋'이라고 할 수 있겠다. 특히 우리나라 사람들에게는 버터 가득한 홀랜다이즈 소스나 노른자가 줄줄 흐르는 수란의 매력을 몸속 깊이 느끼기 쉽지 않다. 그래서 페페론치노, 이탈리안 소시지, 썬 드라이드 토마토, 오렌지와 같은 강렬한 이탈리아식 재료를 써서 느끼함을 날려버리고자 만들게 되었다. 제안한 재료들은 무엇이든 상황에 맞게 생략하거나 대체할 수 있지만 소시지만큼은 고품질의 고메 소시지를 사용하길 바란다.

Ingredients

수란(30p) **2알**
잉글리쉬 머핀 **1개**
페퍼론치노 **3개**
이탈리안 소시지 **1개**
시금치 **한 접시**
루꼴라 **한 접시**
썬 드라이드 토마토 **2Tbsp**
올리브오일 **약간**

1 잉글리쉬 머핀은 가로로 반을 갈라 그릴이나 토스터, 오븐 등에 잘 구워 접시에 담아 놓는다. 이탈리안 소시지는 8등분하고, 썬 드라이드 토마토는 잘게 썰어둔다.

2 프라이팬을 불에 올리고 올리브오일을 두른다. 팬이 은근하게 달궈지면 페페론치노를 살짝 부숴 넣어 오일 속에 고추 향을 낸다. 페페론치노의 색이 조금씩 변하면서 익기 시작하면 이탈리안 소시지를 넣고 잘 익힌다.

3 소시지가 잘 익으면 소시지에서 나온 기름을 1/3만 남겨두고 버린다. 여기에 시금치, 루꼴라, 썬 드라이드 토마토를 넣고 프라이팬의 열기와 오일을 이용해 살짝 버무리듯 숨을 죽인다.

4 잉글리쉬 머핀 위에 팬에서 익힌 소시지와 시금치, 루꼴라, 썬 드라이드 토마토를 잘 나누어 올린다. 그 위에 다시 수란을 올린다.

Orange-Honey Hollandaise Sauce

홀랜다이즈 소스(101p) **4Tbsp**
오렌지즙 **1tsp**
오렌지제스트 **약간**
꿀 **1tsp**
페퍼민트 또는 허브 **약간**

5 홀랜다이즈 소스에 오렌지즙, 오렌지제스트, 꿀을 넣고 잘섞어 오렌지허니 홀랜다이즈 소스를 만든다. 만든 소스를 수란 위에 올리고 페퍼민트나 허브로 마무리한다.

RED LENTIL SHAKSHUKA
레드 렌틸 샥슈카

'에그 인 헬'이라고도 불리는 이스라엘 음식 '샥슈카'는 토마토 소스 속에 달걀을 넣고 익혀낸 음식이라는 점에서 앞서 소개한 '우에보스 란체로스' 메뉴와도 비슷하다. 샥슈카는 여기에 아리사(harissa) 향을 더해 특유의 맛을 내는데 아리사는 매운 고추, 큐민, 고수, 캐러웨이, 마늘, 허브 등의 향신료를 섞어 만든 모로코, 튀니지에서 즐겨 먹는 아프리칸 소스다. 외국인 식자재 마트에서 간혹 '아리사 시즈닝'을 만날 수도 있지만 흔히 접할 수는 없기 때문에 샥슈카의 맛을 내기 위한 필수적인 재료인 파프리카, 케이옌페퍼, 큐민가루와 고수를 꼭 첨가하는 것이 좋다. 이 정도의 향신료만 있다면 집에서도 어렵지 않게 레스토랑에서 맛보았던 샥슈카를 쉽게 만들 수 있다. 이 책에서 소개하는 레시피에서는 영양과 식감을 올리기 위해 레드 렌틸 콩을 추가했다. 레드 렌틸 콩을 준비하지 못했다면 물의 양을 반으로 줄여서 만들면 된다.

Ingredients

올리브오일 1/2 Tbsp
양파 1/2개
마늘 3개
빨강 피망 1개
아리사 시즈닝 또는
케이옌페퍼 1/2tsp
큐민가루 1/2tsp
강황가루 1/2tsp
레드 렌틸 콩 2Tbsp
다이스토마토 400g
물 1cup
소금 2tsp
설탕 2tsp
달걀 4개
고수 2줄기
페타 치즈 3Tbsp

1 지름 24cm 정도의 뚜껑이 있는 꼬꼬떼팬을 준비한다. 불을 올리고 오일을 부은 다음 잘게 썬 양파, 으깨 부순 마늘, 길게 썬 빨강 피망을 넣는다. 양파와 마늘이 부드러워지고 향이 올라온다면 아리사 시즈닝(또는 케이옌페퍼), 큐민가루, 강황가루를 넣고 다른 자료들과 함께 가볍게 볶는다.

2 여기에 레드 렌틸 콩을 넣고 3~4분 정도 더 볶은 다음 다이스토마토, 물, 소금, 설탕을 넣고 뚜껑을 덮어 약불을 유지하며 15~20분 정도 더 끓인다. 뚜껑을 열어 레드 렌틸 콩이 부드럽게 익었는지 확인했다면 스푼을 이용해 샥슈카 윗면을 살짝 눌러 달걀 4개를 올릴 자리를 만들어준다.

3 노른자가 깨지지 않도록 달걀 4개를 조심스럽게 윗면에 깨트리고, 뚜껑은 완전히 닫히지 않도록 살짝 기울여 닫는다. 약불을 유지하며 4~5분 정도 더 익히거나 달걀흰자가 하얗게 익은 상태가 되면 불에서 내린다.

4 뚜껑을 열고 고수와 페타 치즈를 샥슈카 위에 뿌린다. 꼬꼬떼팬 그대로 식탁에 올린다. 피타빵이나 사워도우를 곁들이면 좋다.

RÖSTI BURGER
뢰스티 버거

뢰스티는 감자를 채 썰어 만든 스위스식 감자팬케이크다. 뢰스티 그대로 플레이트의 중심이 되어 달걀이나 샐러드와 곁들여 완성된 식사가 될 수 있지만, 다른 요리의 한 부분으로 들어가 새롭고 독특한 버전을 만들어낼 수도 있다. 예를 들면 에그 베네딕트의 잉글리쉬 머핀을 대신할 수도 있고, 피자 도우 대신 뢰스티를 이용해 미니 피자를 만들 수도 있다. 바삭하게 튀기듯 구워낸 뢰스티의 멋진 비주얼을 강조하려고 이 책에서는 버거 속에 넣어보았다. 탄수화물을 걱정하는 사람은 버거 번 대신 뢰스티를 그대로 대체해도 좋을 것이다.

Aioli Sauce

마늘 **4개**
카놀라 오일 **1cup**
엑스트라버진 올리브오일 **1cup**
달걀노른자 **4개**
화이트와인 비네거 **2Tbsp**
소금 **1/2tsp**
꿀 **2tsp**
레몬즙 **1Tbsp**

1 소스팬에 으깬 마늘, 카놀라오일, 올리브오일을 붓고 중불에 올린다. 약간 끓어오를 정도만 유지하며 마늘이 어두운 갈색이 되지 않도록 가끔씩 마늘을 저어주며 5분간 볶아준다. 불에서 내려 완전히 식을 때까지 두었다가 마늘을 빼낸다.

2 푸드프로세서에 달걀노른자, 으깨 둔 마늘, **1**에서 빼둔 마늘, 화이트와인 비네거, 소금을 넣고 섞는다. 모든 재료가 잘 섞이면 작동을 멈추고 스크래퍼를 이용해 벽면까지 잘 긁어 모아준다. 다시 푸드프로세서를 작동시켜 **1**에서 만들어둔 오일을 아주 가늘게, 끓지 않도록 부어준다. 점점 농도가 무거워지며 원하는 질감이 만들어지면 오일이 남았다 하더라도 멈춘다. 자칫하다 노른자와 분리될 수 있기 때문이다. 소스가 완성되면 꿀과 레몬즙을 넣어 간을 맞춘다.

Rosti

감자 2개
올리브오일 2~3Tbsp
소금 1/4tsp
버거번 2개
달걀 3개
생크림 30ml
베이컨 4장
상추 5~6장
완숙토마토 1개
적양파 1/2개

3 감자는 껍질을 벗겨내고 가늘고 길게 썰어낸다. 채칼을 이용하면 편리하다. 길게 썬 감자를 찬물에 충분히 헹궈내 전분을 제거하고 물기를 닦아내 소금을 넣고 잘 섞어둔다.

4 프라이팬을 불에 올리고 오일을 데운다. 지름 12cm 정도의 작은 무스링을 팬 가운데에 올리고 그 안에 위에서 만들어둔 감자를 링 안에 가득 채운다. 무스링이 없어도 멋진 모양의 뢰스티를 만들 수 있다. 감자를 동그란 모양으로 만들어 두껍게 팬 위에 올리면 삐죽삐죽 삐져나온 감자의 모양이 더욱 먹음직스럽게 보일 수 있다.

5 뒤집개를 이용해 아랫면이 얼마나 익었는지 확인한다. 충분히 갈색으로 변하고 익으면 뒤집어준다. 오일이 너무 뜨거우면 가운데가 익지 않을 수 있으니 중불을 유지하도록 한다. 완성된 뢰스티는 키친타월을 깔아 기름을 빼준다.

6 그릴에 버거 번, 베이컨을 구워낸다. 달걀과 생크림을 잘 섞어 스크램블(27p)을 두 개의 원형으로 만들어 나누어둔다.

7 번 위에 만들어둔 아이올리 소스를 바르고 상추 - 슬라이스한 토마토와 적양파 - 스크램블 - 베이컨 - 뢰스티 순서로 올린 후 번 윗면을 덮어 완성한다.

CROQUE MADEMOISELLE
크로크 마드모아젤

크로크마담, 크로크무슈는 쉽게 접할 수 있는 브런치 카페의 단골 메누다. 베사멜 소스를 바른 빵을 오븐에서 바삭하게 구워낸 것이 크로크무슈, 그 위에 써니 사이드 업을 올려 마치 여인이 모자를 올려 쓴 것 같은 모양을 내면 크로크마담이라고 한다. 그러면 크로크마드모아젤은 무엇일까. 위의 두 음식이 빵과 빵 사이에 햄을 샌드했다면 마드모아젤은 햄 대신 쥬키니호박과 파프리카를 넣어 베지테리언 버전으로 만든 것을 말한다. 이 책에서는 빵 위에 발라야 할 모네 소스(베사멜 소스에 치즈를 더해 만든 소스)조차 빵 사이에 샌드해서 두 손으로 쥐고 먹어도 좋다.

Mornay Sauce

무염버터 **30g**
밀가루 **20g**
우유 **300ml**
그뤼에르 치즈 **50g**
디종 머스터드 **1Tbsp**

1 작은 소스팬에 버터를 넣고 녹이면서 밀가루를 첨가하며 잘 섞어준다. 센 불에서 버터가 타는 일이 없도록 준약불을 유지한다. 밀가루가 버터와 잘 뭉쳐졌다면 우유를 서서히 부으며 빠르게 저어준다.

2 걸쭉한 소스처럼 만들어지면 불에서 내려 그뤼에르 치즈와 디종 머스터드를 넣고 잘 섞어 모네 소스를 완성한다. 작업대 한 켠에 둔다.

Plate

슬라이스한 통밀 캄파뉴 **4장**
주키니호박 **1/2개**
빨강 파프리카 **1/2개**
노랑 파프리카 **1/2개**
주황 파프리카 **1/2개**
바질페스토(59p) **2Tbsp**
올리브오일 **약간**
소금 **약간**

3 주키니호박은 3mm 정도의 두께로 둥글게 슬라이스하고, 세 가지 색의 파프리카는 모두 길쭉하게 채 썰어두고 베이킹 트레이에 올린 다음 올리브오일을 채소 위에 흩뿌리고 소금도 살짝 뿌린다.

4 180℃로 예열된 오븐에 넣어 10쿤 정도 굽는다. 파프리카 겉면의 색이 보기 좋게 그을려졌다면 오븐에서 빼내 식혀둔다.

5 이제 모든 재료를 작업대로 가지고 와 펼쳐 놓고 샌드위치로 만들 차례다. 캄파뉴 한쪽 면에 바질페스토 1Tbsp 정도를 잘 펴발라준다. 그 위에 오븐에서 익힌 색색의 파프리카와 주키니호박을 올린다. 그 위에 모네 소스를 듬뿍 뿌려준다. 맨 위에 깜빠뉴 한쪽을 올리면 1개의 크로크마드모아젤이 완성된다. 나머지 하나를 더 만든다.

Tip.
사용하고 남은 모네 소스는 밀폐용기에 담아 냉장 보관하면 2주일 정도 더 사용할 수 있다. 빵의 윗면에 발라 180℃로 예열된 오븐에서 노릇노릇하게 구우면 크로크무슈가 되고, 여기에 써니 사이드 업(23p)을 하나 더 올리면 크로크마담이 된다.

PESTO MAFALDINE
페스토 마팔디네

브런치를 사랑하는 사람이라면 스타일을 포기하지 못할 것이다. 그 스타일의 핵심이 '미니멀'이라면 페스토 마팔디네를 만들어볼 것을 추천한다. 꼬불꼬불 라면과도 같고, 라자냐 면의 끝부분만 오려낸 것 같기도 한 마팔디네 면은 동네 슈퍼마켓에서 흔히 보기는 힘들지도 모르지만 의국 식재료를 전문으로 취급하는 매장이나 온라인스토어에서는 그리 어렵지 않게 구할 수 있다. 면의 모양뿐만 아니라 식감까지 재미있다. 소스는 우리가 흔히 구할 수 있는 잎채소나 나물, 바질 같은 허브로 만든 페스토만 넣으면 된다. 핑크페퍼, 미니멀한 스타일이 살아 있는 이 파스타를 맛본다면 '맛있는 파스타'임을 알아차릴 것이다.

Pesto

곰취 100g
소금A 2tsp
잣 25g
마늘 100g
엑스트라버진 올리브오일 1cup + α
파르미지아노 치즈 50g
소금B 2.5tsp

Pasta

마팔디네 170g
굵은소금 2Tbsp
올리브오일 적당량
마늘 6개
파르미지아노 치즈 20g + α
핑크페퍼 약간
소금 약간

1 곰취는 줄기를 제거하고 소금A를 넣은 끓는 물에서 20~30초간 데친 후 찬물에 헹궈 꼭 짜둔다.

2 잣은 프라이팬에서 밝은 갈색이 나도록 살짝 볶아 두고, 마늘은 올리브오일에 살짝 튀기거나 올리브오일에 담가 170℃ 오븐에서 10분 정도 구워낸다. 잣과 마늘 모두 완벽히 식힌다.

3 블렌더 안에 엑스트라버진 올리브오일 1cup, 파르미지아노 치즈, 위에서 익힌 잣과 마늘, 곰취, 소금B 순으로 넣고 입자가 모두 갈릴 때까지 갈아준다. 밀폐용기 속에 넣고 윗면에 여분의 올리브오일을 더 부어주면 색이 변하는 것을 막아준다. 완성된 페스토는 냉장 보관한다.

4 이제 파스타를 만들 차례다. 큰 팟을 준비해 물을 2L 정도 붓고 불에 올린다. 물이 끓으면 굵은소금과 올리브오일을 살짝 뿌린다. 여기에 마팔디네 면을 넣고 봉지에 표시된 레시피를 참고하여 면을 익힌다. 면이 익으면 면수를 2국자 정도 따로 덜어내고 나머지 견수는 버린다. 건져낸 면에 올리브오일을 뿌려 잘 버무려 면이 서로 달라붙지 않도록 식힌다.

5 넓은 프라이팬을 중볼에 올리고 올리브오일과 다진 마늘을 넣고 살짝 익힌다. 마늘이 색이 나기 시작하면 강불로 올리고, 면수(1cup)와 만들어둔 페스토 3Tbsp을 넣고 페스토를 풀어준다. 여기에 마팔디네와 올리브오일을 전체적으로 뿌려준 다음, 긴 젓가락을 이용해서 재료들을 2분 정도 잘 섞어주면 소스가 걸쭉해진다. 면수가 부족하다면 조금 더 넣어주고, 묽은 상태가 지속된다면 파르미지아노 치즈를 20g 정도 넣어준다.

6 소스 간을 보았을 때 싱겁다면 페스토 또는 소금을 조금 더 넣어 간을 맞춘다. 완성이 되면 그릇에 담고 파르미지아노 치즈를 뿌려준다. 핑크페퍼로 마무리한다.

HERB ROASTED POTATOES
허브 로스티드 포테이토

오래 기억되는 맛의 매력은 큰 멋을 부리지 않고 있는 그대로의 장점을 살려내는 것이라고 늘 생각한다. 감자가 가진 본래의 단맛과 부드러움, 그 풍미를 한층 더 올려주는 허브를 이용하는 것. 이것이 이 메뉴의 거의 모든 것이다. 감자가 오븐에서 구워질 때 내뿜는 타임의 향은 요리가 완성되기 전부터 기분을 좋게 만들 것이다.

Ingredients

감자 3kg
소금A 2Tbsp
소금B 2tsp
올리브오일 2~3Tbsp
신선한 허브 1/2cup

1 감자는 잘 씻어서 반달 모양으로 자른다. 크기에 따라 다르지만 어른 주먹만한 감자 크기라면 8등분, 아이 주먹막한 작은 감자라면 6등분 정도가 적당하다.

2 잘라 놓은 감자는 팟에 담아 소금A를 넣고 감자가 겨우 잠길 정도의 찬물을 붓는다. 뚜껑을 덮고 센불에서 10분 동안 끓인다. 그동안 오븐은 190℃로 예열해둔다.

3 10분 후면 냄비가 팔팔 끓고 있을 것이다. 만약 아직 끓지 않았다면 다시 뚜껑을 덮고 1~2분 정도 더 끓인다. 뚜껑이 들썩이며 끓고 있다는 신호를 보내면 불에서 내려 물을 버린다. (감자를 삶았던 냄비와 뚜껑은 아직 더 사용할 것이다.)

4 채반에서 감자의 물기를 뺀 후 살짝만 식힌다. 5분 정도면 충분하다. 이 감자를 다시 냄비에 넣고 소금B와 올리브오일을 넣은 다음, 뚜껑을 덮은 상태에서 양쪽 손잡이를 잡는다. 엄지 손가락은 뚜껑을 잡아두도록 한다. 위 아래로 크게 흔들어야 하기 때문이다. 10번 정도 이렇게 흔들어주면 감자의 모서리가 뭉개지고 소금과 오일이 잘 스며든다. (만약 감자를 끓이는 과정에서 이미 감자 모서리가 부서질 정도로 으버쿡되었다면 이 과정은 매우 조심스럽게 하는 것이 좋다.)

5 오븐 트레이에 겹치지 않게 긷자를 가지런히 올려둔다. 로즈마리, 타임, 세이지 등의 신선한 허브를 곳곳에 뿌린다. 오븐에 넣고 30분을 굽는다.

6 완성된 감자는 바로 먹어도 좋고, 냉장고에서 4~5일 정도 보관도 가능하다. 데워서 먹을 때는 프라이팬에 버터나 올리브오일을 두르고 중약불에서 구우면 겉이 바삭한 웨지 감자를 먹들 수 있을 것이다.

"일요일에는 아침 일찍 일어날 필요가 없다는 점에서 브런치는
토요일 밤에 실컷 마신 사람들의 삶을 편안하게 해줄 것이다.
또 브런치는 다른 면에서도 인간의 행복에 기여한다.
흥겨운 사교의 장이 되어 대화를 이끌어내 사람들을 기분 좋게 만들고,
또 자신과 동석자에 대한 만족감을 높여 한 주 동안 쌓였던 근심 걱정을 날려 버릴 것이다"

가이 베린저, <Hunter's Weekly>, 1896

Chapter 4

FOR SPECIAL DAYS

아침에 일어났더니, 혹은 퇴근해서 집에 갔더니
가족 중 누군가가 평소에 그동안 먹어 보지 않던 새로운 음식을 차려 준다면
우린 분명 이렇게 말 하겠죠.

"오늘 무슨 날이야?"

새로운 음식이 있으면 대화도 새로워지기 마련.
우리에겐 같이 식사할 음식보다 '시간'이 필요한 거죠.

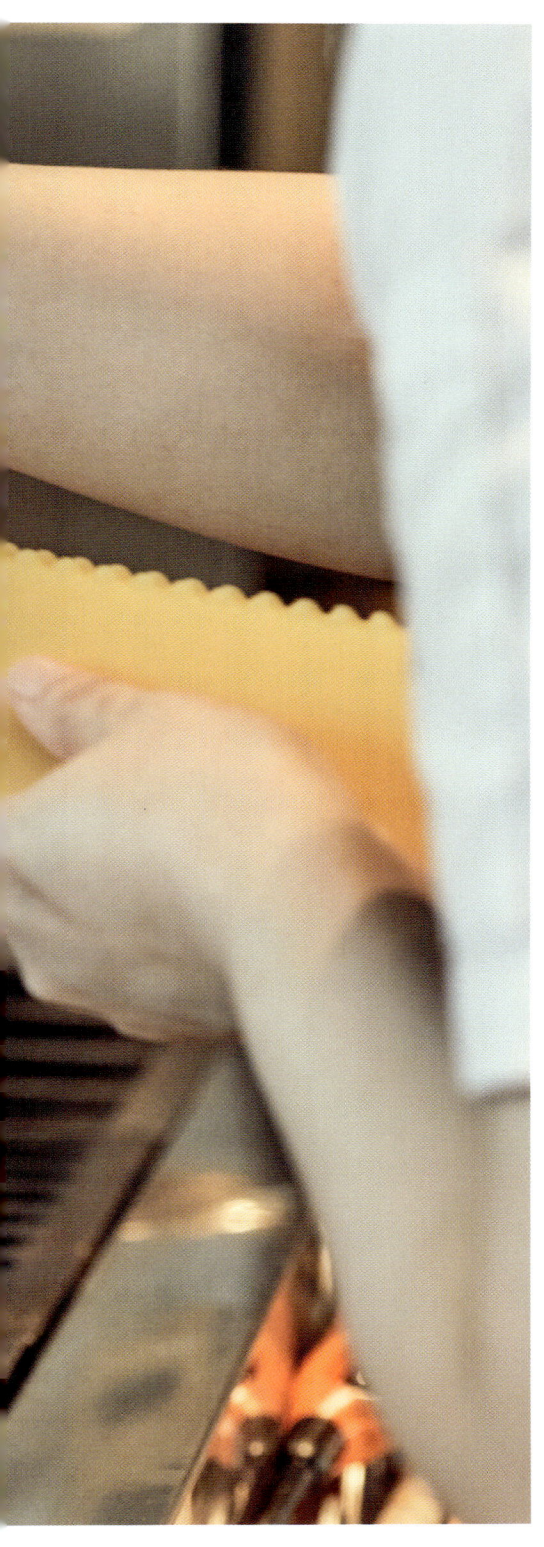

누군가를 기쁘게 하기 위해 요리를 한다는 것.
어쩌면 당신은 특별한 이벤트를 위해 앞치마를 걸치고
엄청난 가사일이 동반될 주방으로 들어가는 것이
과연 옳은 일인가를 고민할지도 모르지요.

'누군가를 기쁘게 해 주기 위해 꼭
주방의 노예가 되어가 되어야 하는 걸까?'

주방이 '장소'로만 존재한다면 정말 그럴지도 모릅니다.
하지만 주방을 '친구'로 생각한다면 다를 수 있어요.

새로운 두언가를 만들기 위해 주방 불을 켜고
번거로운 레시피를 따르며 소스를 만들거나
머랭을 조접 쳐보세요.
주방은 당신이 예상하지 못했던 자유와 기쁨을 가져다주며
다른 힘겨운 일들을 잊게 해줄 거예요.

나의 기쁨을 먼저 그릇 속에 담으면
그릇을 함께 나눌 사람에게 전해질 것입니다.

WATERMELON PANZANELLA
수박 판자넬라

판자넬라는 이탈리아 투스칸식 여름 샐러드다. 이름은 생소할지 몰라도, 우리가 어디선가 먹어본 샐러드에 꼭 들어가는 식재료가 판자넬라의 재료와 닮아 있음을 아래의 레시피를 보면 알 수 있을 것이다. 크루통, 올리브, 올리브오일, 케이퍼, 토마토 등 세계가 주목하는 건강한 지중해식 식재료로 구성된 샐러드다. 빙봉의 주방에서는 여름 샐러드로 자주 판자넬라를 만들었다. 퀴노아를 넣은 버전도 있었는데 최근 많은 사랑을 받았던 버전은 오이 대신 수박을 사용해 달콤하고 아삭거리는 식감을 더한 것이었다. 대형마트에서 저렴한 가격에 판매되는 앙증맞은 사이즈의 '애플수박'을 이용하면 더 근사한 플레이팅을 시도할 수 있다.

Dressing

엑스트라버진 올리브오일 **4Tbsp**
화이트와인 비네거 **2Tbsp**
꿀 **1Tbsp**
소금 **약간**
후추 **약간**

1 올리브오일, 화이트와인 비네거, 꿀, 소금, 후추를 섞어 드레싱을 완성한다.

Salad

애플수박(미니수박) **1통**
방울토마토 **8개**
적양파 **1/4**
이태리파슬리 **4줄기**
블랙올리브 **2Tbsp**
케이퍼 **2tsp**
치아바타 **1/2개**
올리브오일 **약간**

2 수박을 반으로 가른다. 반은 껍질을 도려내 2cm 크기의 주사위 모양으로 썰어두고, 나머지 반은 스푼으로 속을 파내 그릇으로 활용한다. 적양파는 잘게 슬라이스하고 방울토마토, 이태리파슬리, 블랙올리브, 케이퍼는 먹기 좋은 크기로 잘라둔다.

3 프라이팬에 올리브오일을 두르고 주사위 모양으로 썬 치아바타의 겉면을 바삭하게 구워낸다.

4 모든 샐러드 재료를 잘 섞어 속을 파낸 수박에 담아낸다.

FISHCAKES WITH THAI STYLE SALALD
어부의 가정식 샐러드

'피시케이크'라니! 생선이 겹겹이 쌓여 있거나 생선을 갈아 넣어 만든 핫케이크를 상상하게 만드는 이름이다. 피시케이크는 대구나 연어 같은 생선살과 새우 같은 해물을 갈아서 동그랗게 빚어 굽거나 튀긴 요리인데, 우리에게 조금 더 쉽게 다가올 수 있는 이름을 생각하다가 '어부가 집에서 만들어 먹는 근사한 샐러드'라는 뜻의 '어부의 가정식 샐러드'라고 이름 짓고 빙봉의 주방에서 판매했었다. 이 책에서는 타이식 소스와 채소를 곁들여 더욱 상큼하고 이국적인 스타일을 접목시켜보았다. 취향에 따라 타르타르 소스나 사우전아일랜드 드레싱 같은 조금 무거운 소스와 함께 곁들여도 꽤 잘 어울릴 것이다.

Fishcakes

대구 필렛 180g
우유 100ml
물 100ml
월계수잎 2장
통후추 3~4알
양파A 1/4개
중간 크기 감자 1개
살만 남긴 흰다리새우 100g
양파B 1/4개
달걀 1개
신선한 허브(딜, 이태리파슬리,
차이브) 약간
파프리카 파우더 1/2Tbsp
레몬즙 레몬 1/2개 분량
후추 약간
빵가루 50g
베지터블오일 100~150ml

Salad

오이 1개
당근 1개
적양파 1개
스위트칠리 소스 2Tbsp
라임 1개
민트 또는 타이바질 약간

1 대구 필렛을 익히기 위해 프라이팬에 우유, 물, 월계수잎, 통후추, 양파A를 넣고 대구 필렛을 올린 다음 뚜껑을 닫고 끓인다. 끓기 시작하면 불을 낮추고 4분 정도 더 익혀 불을 끈 다음, 뚜껑을 덮은 채로 10분 정도 더 둔다. 대구가 완전히 익었다면 한 김 식힌다.

2 감자는 껍질을 벗기고 큼직하게 썬 다음 냄비에 넣고 찬물과 함께 넣어 삶는다. 감자가 완전히 익은 것을 확인하면 불을 끄고 감자를 꺼낸다.

3 푸드프로세서에 대구 필렛, 삶은 감자, 흰다리새우, 양파B, 달걀, 허브, 파프리카 파우더, 레몬즙을 넣고 완전히 갈아준다. 약간의 후추를 더한다.

4 넓은 트레이에 빵가루를 뿌려둔다. 그리고 **3**에서 만든 피쉬케이크 믹스처를 원하는 모양으로 만든다. 2개의 스푼을 이용해 타원형으로 만들어도 좋고, 아이스크림 스쿱을 이용해 동그란 공 모양으로 만들어도 좋다. 모양을 만들었다면 빵가루 위에 올려 빵가루를 덮어 피쉬케이크를 만든다.

5 프라이팬에 오일을 두르고 튀길 수 있는 온도에 도달하면 피쉬케이크를 넣고 브라운색에 될 때까지 튀겨 피쉬케이크를 완성한다.

6 오이, 당근, 적양파는 슬라이스해 접시에 담고 그 옆에 만들어둔 피쉬케이크를 올린다. 원하는 만큼 스위트칠리 소스를 뿌리고 세로로 4등분한 라임, 민트나 바질 같은 향채소를 함께 곁들인다.

ROLLED GALETTE
롤드 갈레트

소풍은 먹는 것이 8할을 차지한다고 해도 과언은 아닐 것이다. 하지만 음식이 과해 탈이 나거나 속이 더부룩해질 것을 걱정하는 사람이 있다면 갈레트를 추천한다. 얇은 메밀 크레페는 소화에 부담이 없을 뿐더러 그 안에 들어가는 재료조차 매우 단순하기에 준비하는 과정 또한 편하다. 도시락이 식어도 이 음식이 아직도 살아 있다는 것을 느끼게 해주는 비법까지 있다. 바로 토치로 그을린 치즈 향이다. 때로 후각이 미각을 완성하기도 하는 것이다.

Ingredients

갈레트 반죽(80p) **1cup**
슬라이스 햄 **4개**
그뤼에르 치즈 **40g**
로메인레터스 **8~10장**

1 크레페 팬에 갈레트를 얇게 부쳐낸다. (80p)

2 각각의 크레페 위에 슬라이스 햄을 1개씩 올리고 그 위에 그뤼에르 치즈를 골고루 뿌려준다. 토치가 있다면 치즈를 살짝 녹여주자. 스모크한 향과 함께 치즈를 잘 밀착시켜줄 수 있다.

3 로메인레터스를 크레페 위에 올려준 다음, 크레페 끝에서부터 꼼꼼히 돌돌 말아준다.

4 동그란 막대 모양으로 말린 크레페를 먹기 좋게, 담기 좋게 자르고 용기에 담으면 완성이다.

FRITTATA SANDO
프리타타 산도

갖가지 채소와 달걀을 섞어 오븐에서 구워낸 이탈리아식 오믈렛인 프리타타는 오픈된 형태로, 다른 오믈렛처럼 폴딩하지 않고 피자처럼 펼쳐져 있는 모양이다. 양파, 마늘, 시금치, 케일, 아스파라거스, 브로콜리 등 다양한 채소와 새우, 닭고기, 소시지와 같은 단백질 영양소를 채워 아침 식사로 완벽한 오믈렛을 만들 수 있다. 한 가지 부족한 것은 탄수화물이다. 그래서 프리타타는 종종 빵을 곁들어 먹는다. 여기서 소개하는 프리타타 산도는 베이글 사이에 프리타타 조각을 샌드한 형태로 모양과 맛, 편리성을 모두 챙긴 메뉴라고 할 수 있다. 베이글 대신 사워도우를 이용해도 훌륭할 것이다.

Ingredients
버터 **약간**
달걀 **9개**
생크림 **45ml**
소금 **1tsp**
올리브오일 **약간**
마늘 **30g**
양배추 **50g**
케일 **30g**
새우 **12마리**
슬라이스 아몬드 **15g**
베이글 **6개**

1 오븐을 160℃로 예열한다. 26X32cm 내외의 오븐용 트레이를 준비하고 내부에 버터를 발라 꼼꼼하게 코팅한다. (또는 유산지를 오븐용 트레이의 크기에 맞게 잘라 준비해도 좋다)

2 큰 볼에 달걀, 생크림, 소금을 넣고 핸드블렌더 또는 거품기로 달걀 멍울이 지지 않도록 잘 풀어준다.

3 큰 프라이팬 또는 웍에 올리브오일을 두르고 슬라이스한 마늘, 잘게 채 썬 양배추를 넣고 센불에서 짧게 익힌다. 1~2분 정도 또는 양배추 숨이 약간 죽으며 색이 나면 불에서 내린다.

4 미리 준비해둔 트레이 안에 2를 부어준다. 잘게 채 썬 케일이 잠기도록 넣어준 다음, **3**에서 만든 양배추와 마늘을 넣어 앞서 넣은 케일이 달걀물 속에 푹 잠기도록 눌러주듯 넣는다. 이 위에 머리와 껍질을 다듬은 새우를 가지런히 올리고 슬라이스 아몬드를 뿌려 오븐에 넣고 35~40분 정도 익힌다.

5 프리타타가 다 익으면 틀에서 꺼내 6등분한다. 베이글은 가로로 반을 갈라 토스터나 오븐, 프라이팬 등 편한 도구에서 살짝 구워낸다. 베이글 속에 잘라 놓은 프리타타 즈각을 넣으면 완성이다.

PORK & BEANS

포크 & 빈스

돼지고기를 먹을 때 고민하는 것 중 하나는 어떻게 하면 더 건강하게 섭취할 수 있는지이다. 콩은 불포화지방산과 비타민E, 레시틴이 풍부해 우리 몸 속 혈관벽에 콜레스테롤이 쌓이는 것을 방지해준다고 알려져 있다. '돼지고기 콩비지찌개'도 돼지고기와 콩의 음식 궁합을 반영한 현명한 음식이다. 돼지고기를 콩과 함께 건강하게 먹을 수 있게 되었으니 이제는 더 맛있게 먹어코자. 쫄깃한 식감과 잡내가 거의 없는 이베리코산 돼지, 봄과 여름에 나오는 달콤한 햇콩을 이용한 포크 & 빈스는 한 끼 식사 또는 에피타이저로 제격일 것이다.

Ingredients

이베리코 돼지고기 삼겹살 **100g 내외**
그린빈 **40g**
피강낭콩 **20g**
피칸 **5개**
캐슈넛 **5개**
포도 또는 블루베리 **50g**
꿀 **2tsp**
소금 **적당량**
케이엔페퍼 **한 꼬집**
베지터블오일 **1Tbsp**

1 돼지고기는 한입 크기로 잘게 썰어 가볍게 소금을 뿌려둔다.

2 그린빈은 1개단 남기고 피강낭콩과 함께 끓는 물에 살짝 데쳐 차가운 물에 담가둔다. 남은 1개의 그린빈은 단면이 보이도록 작게 썰어둔다.

3 피칸과 캐슈넛은 프라이팬에서 가볍게 구워낸다. 불을 끈 상태에서 꿀 1tsp, 소금과 케이엔페퍼 한 꼬집씩을 뿌린 후 완전히 식힌다.

4 포도는 세로 방향으로 썰어둔다.

5 프라이팬에 불을 올려 오일을 두르고 돼지고기를 익힌다. 센불에서 튀기듯 고기의 기름기를 빼낸다. 겉면이 완전히 살짝 어두운 브라운 색이 되면 기름을 빼내고 고기단 체에 받쳐둔다.

6 볼에 돼지고기, 데친 그린빈 피강낭콩, 포도(또는 블루베리), 캐슈넛, 피칸, 꿀 1tsp을 넣고 골고루 섞어준다. 그릇에 담아낸 뒤 썰어두었던 그린빈을 위에 뿌려 가니쉬한다.

WORLD WIDE TARTINE
월드 와이드 타르틴

요리를 하는 이유가 누군가를 기쁘게 하기 위한 것이라면, 내 자신이 가진 과감함보다 한 걸음 더 나아간 시도를 해볼 필요가 있다. 이 길고 커다란 타르틴을 받아 드는 사람은 먼저 그 스케일에 깜짝 놀랄 것이다. 그리고는 얼마나 많은 정성이 들어갔는지도 금방 눈치챌 것이다. 바게트 위에 올려진 타르틴의 다채로운 재료를 함께 즐기며 끊임 없이 많은 이야기를 나누는 모습도 상상하게 된다. 요리에 들어간 정성은 그만큼 사랑의 양이 된다. 그러니 준비할 것도 많다. 이 타르틴을 한번 만들고 나면 다양한 스프레드 레시피와 그에 어울리는 토핑이 어떤 것인지 알게 되고 더 많은 변주를 할 수 있게 될 것이다.

Beet Hummus

비트 **1개**
올리브오일A **1Tbsp**
올리브오일B **60ml**
소금 **약간**
후추 **약간**
병아리콩 **400g(1can)**
레몬즙 **2Tbsp**
다진 마늘 **2tsp**
타히니 **1Tbsp**

1 비트는 껍질을 벗긴 뒤 올리브오일A, 소금, 후추를 뿌려 호일로 감싸 200℃로 예열된 오븐에서 1시간 또는 칼로 찔렀을 때 푹 들어갈 정도로 익힌 후 4등분해 식힌다.

2 병아리콩은 물에 헹궈 체에 받쳐 물기를 빼 **1**의 비트, 올리브오일B, 레몬 즙, 타히니, 다진마늘과 함께 푸드프로세서에서 곱게 갈아준다.

3 완성된 비트 후무스는 밀폐용기에 넣어 보관한다.

Onion Jam

양파 **3개**
설탕 **150g**
발사믹 비네거 **2tsp**
레몬즙 **2tsp**

4 양파는 최대한 얇게 슬라이스한 다음 25cm 이상의 넓은 프라이팬에 넣 고 뚜껑을 덮은 다음 불에 올린다.

5 처음에는 양파의 숨을 죽이는 작업을 해야 하므로 수시로 뚜껑을 열어 바 닥에 양파가 들러붙거나 타지 않도록 잘 섞어준다. 양파의 숨이 1/3 정도로 줄 어든다면 그때부터는 뚜껑을 열고 불을 세게 올려 나무주걱으로 계속해서 저 어주는 작업을 한다.

6 양파를 캐러멜라이징할수록 그 색은 점점 갈색으로 변할 것이다. 하지만 양파가 심하게 타서 생기는 색이 되지 않도록 해야 한다. 겨우 타지 않을 정도 로 세게 양파를 익히고 저어주는 과정을 반복한다. 약 20분~30분 정도의 시 간이 될 수 있다.

7 양파가 진한 갈색이 되면 설탕을 넣는다. 설탕을 넣으면 다시 수분이 생기 게 되므로 주걱으로 계속 저어 수분을 날려준다. 다시 농도가 나게 되면 발사 믹 비네거와 레몬즙을 넣고 섞어준다.

8 나무주걱으로 바닥을 반으로 나누어 보았을 때 나누어진 잼이 바로 만나 지 않고 잠시 바닥을 보여주다 천천히 만나게 될 정도가 되면 불을 꺼 양파잼 을 완성한다.

9 미리 소독된 유리병에 양파잼을 넣고 냉장 보관한다.

Avocado Salsa

아보카도 **1개**
방울토마토 **5개**
적양파 **2Tbsp**
고수 **1Tbsp**
소금 **약간**
후추 **약간**
올리브오일 **약간**

10 아보카도는 반으로 갈라 씨와 껍질을 제거하고 깍둑썰기를 한다. 방울토 마토는 아보카도의 크기와 비슷하게 깍둑썰기를 하되 씨를 제거한다.

11 잘게 썬 적양파와 고수, 소금, 후추, 올리브오일을 아보카도, 방울토마토와 잘 섞어 아보카도 살사를 완성한다.

Basil Ricotta Spread

우유 500ml
생크림 250ml
레몬즙 레몬 1/2개 분량
소금 1/4tsp
바질페스토 1Tbsp
크림치즈 3Tbsp

12 리코타 치즈를 만들기 위해, 1.5~2L 정도의 소스팬을 준비한다. 여기에 우유와 생크림을 넣고 끓인다. 가장자리부터 끓어오르기 시작하면 예의주시하며 불을 중불로 낮춘다.

13 윗면 가운데가 부풀어오르기 시작하면 약불로 낮추고 빠르게 레몬즙과 소금을 골고루 넣는다. 약불에서 30분 정도 충분히 끓으면 면보를 체에 걸치고 소스팬에서 끓인 우유와 생크림을 부어 액체를 완전히 버린다.

14 걸러진 하얀 덩어리에서 수분이 완전히 빠질 수 있도록 면보를 단단히 묶고 볼과 체에 걸쳐 하룻밤 둔다. 물이 완전히 빠지면 하나의 덩어리가 된 리코타치즈를 밀폐용기에 넣어 냉장 보관한다.

15 바질페스토, 크림치즈, 만들어 둔 리코타치즈 2~3Tbsp을 잘 섞어 바질 리코타 스프레드를 완성한다.

Gravlax

뱃살 부위 생연어 200g
비트 1/2개
레몬제스트
레몬 1개
소금 1/3cup
설탕 2/3cup
으깬 통후추 1tsp
딜 20g

16 그라브락스를 만들기 위해, 연어를 흐르는 물에 잘 씻고 연어의 크기에 딱 맞는 크기의 밀폐용기 또는 플라스틱 랩을 준비한다.

17 소금, 설탕, 으깬 통후추, 레몬제스트, 잘게 썬 딜을 볼에 담아 잘 섞는다. 이중 반을 바닥에 깔고 연어를 올려준 후 남은 것을 다시 연어 위에 소복하게 올린다. 마지막으로 그레이터에 간 비트를 빼곡히 올려 그라브락스를 완성한다. 밀폐 용기에 담아 뚜껑을 닫거나 랩을 꽁꽁 감싸 하룻밤 또는 8시간 정도 냉장 보관한다.

18 완성된 그라브락스를 흐르는 물에 깨끗이 씻어 키친타월로 물기를 완전히 제거해 얇게 슬라이스한다. 끝부분은 많이 짤 수 있으니 버리는 것이 좋다.

Tartine

오이 1/2개
삶은 달걀(32p) 2개
크고 긴 바게트 1개

19 삶은 달걀은 5조각 정도로 슬라이스하고, 오이는 토핑하기 직전에 얇고 넓게 슬라이스한다.

20 마지막으로 모든 재료를 바게트에 올릴 시간이다. 핑크빛 비트 후무스 위에는 아삭거리는 오이를, 초록색의 바질 리코타 스프레드 위에는 달걀을, 하얀 크림치즈 위에는 연어 그라브락스를, 양파잼 위에는 아보카도 살사를 올린다. 먹는 방법은 간단하다. 과감히 손으로 한 손으로 타르틴을 잡고 끝에서부터 베어 물면 된다.

KEDGEREE
케저리

케저리는 쌀과 생선, 카레가루, 삶은 달걀을 더해 먹는 영국식 아침 식사 중 하나이다. 재료에서 알 수 있듯 인도에서 영국으로 건너와 변형된 음식으로, 쌀과 콩으로 만든 '키치리'라는 인도 음식이 그 원형이었다고 한다. 밥에 생선과 달걀이라니 재료만 보아도 노동자의 한 끼(유일한 끼니였을지 모를!)라는 느낌이 물씬 풍긴다. 하지만 직접 케저리를 먹어본다면 지나치게 '시대적', '이국적'일 것이라는 편견이 사라질 것이다. 다양한 문화가 섞인 음식은 더 많은 사람들 마음 속의 '편안함'을 풀어놓게 되는 법. 케저리는 한번 먹고 나면 반드시 생각나게 되는 소울푸드임에 틀림없다.

Ingredients

바스마티 라이스 180g
대구 필렛 100g
우유 150ml
물 150 ml
양파 3Tbsp
빨간 파프리카 1/4개
버터 2Tbsp
커리 파우더 2tsp
치킨스톡 300ml
레몬즙 레몬 1/2개 분량
삶은 달걀(32p) 2개
차이브 약간

1 바스마티 라이스를 볼에 넣고 물을 담아 20~30분 정도 불려둔다.

2 대구를 익히기 위해, 소스팬에 우유와 물을 섞어 넣고 불에 올린다. 가장자리부터 끓어오르기 시작하면 다구 필렛을 넣고 중불에서 10분 정도 익힌 후 빼낸다. 한 김 식힌 후 포크나 젓가락을 이용해 살점을 부숴둔다.

3 양파와 파프리카는 잘게 다져 준비한다. 웍을 불에 올리고 버터와 양파를 넣고 2~3분간 볶은 후 파프리카를 더해 볶는다. 양파가 조금 부드러워질 때쯤 커리 파우더를 넣고 섞는다. 여기에 불려둔 바스마티 라이스를 (물을 버리고) 넣고 치킨스톡과 레몬즙을 더한 다음 뚜껑을 닫는다. 스톡이 끓으면 불을 낮추어 약 12~15분 뜸을 들인다.

4 라이스가 완성되면 위에서 만들어둔 대구 필렛을 넣고 잘 섞어 그릇에 담는다. 삶은 달걀을 반달 모양으로 잘라 위에 올리고 차이브를 잘게 썰어 장식한다.

LASAGNA
라자냐

라자냐는 여러 상황에 있어 매우 유용한 메뉴라 먼저 말하고 싶다. 만들기 어렵고 손이 많이 간다는 오해를 받기도 하지만 실패할 확률도 적고 누구나 맛있어 한다. 한번에 많이 만들어 냉동실에 넣어두면 급할 때 꺼내어 먹기에도 좋다. 또한 파티를 준비할 때 미리 만들어 둘 음식이 있으면 준비가 수월한데 그런 음식으로도 제격이다.

Bolognege Sauce

마늘 3개
양파 1개
셀러리 50g
당근 70g
쇠고기 앞다리살 300g
올리브오일 2~3Tbsp
레드와인 1/2cup
토마토 페이스트 350g
토마토 퓌레 170g
소금 2tsp
후추 약간
치킨스톡 1.5cup
말린 오레가노 1tsp

1 마늘, 양파, 셀러리, 당근은 잘게 다져 준비한다. 쇠고기는 핏기를 제거한 후 다져둔다.

2 뚜껑이 있는 크고 깊은 팟을 준비하고 불에 올린다. 올리브오일을 두르고 중불에서 양파와 마늘, 셀러리와 당근을 넣고 부드럽게 볶는다.

3 모든 재료들이 향을 내며 투명하게 변하기 시작하면 다진 쇠고기를 넣고 골고루 볶아준다. 쇠고기의 붉은색이 모두 갈색빛으로 변하면 불을 최대로 올리고 레드와인을 넣고 재료를 섞어 와인이 재료에 스며들도록 한다.

4 약 5분 후에 토마토 페이스트, 토마토 퓌레, 소금, 후추를 넣고 섞는다. 치킨스톡, 말린 오레가노까지 넣은 후 뚜껑을 닫고 센 불에서 끓인다. 재료들이 팔팔 끓어오르면 불을 가장 약하게 낮추어 1시간 정도 끓인다. 때때로 팟의 바닥까지 주걱을 이용해 긁으며 섞어 주어야만 눌어붙지 않는다.

Béchamel Sauce

버터   60g
다목적 밀가루   3Tbsp
우유   500ml
생크림   500ml

5   2L 내외의 팟, 또는 소스팬을 준비한다. 팟을 중불에 올리며 준비된 버터를 넣어 놓는다. 버터가 반쯤 녹기 시작하면 밀가루를 넣고 나무 주걱이나 스패츌러를 이용해 버터와 밀가루를 섞으며 루(roux)를 만든다. 너무 센 불에서 버터가 타지 않도록 주의한다.

6   밀가루 반죽 같은 루가 완성되면 우유와 생크림을 서서히 넣으며 휘퍼로 섞어준다. 우유와 생크림을 모두 넣고 나면 처음 넣었을 때와 달리 묽어질 것이다. 점도를 더하기 위해 불을 조금 더 올리고 섞어준다. 너무 센 불이면 갑자기 끓어 넘칠 위험이 있으니 주의한다.

7   가장자리부터 거품이 일기 시작한다면 다시 불을 중간 정도로 낮추고 계속해서 거품기로 저어주며 농도를 낸다. 주걱으로 들었을 때 묽게 떨어지지 않고 수프나 죽과 같은 농도가 된다면 멈춘다. 한 김 식으면 베사멜 소스의 농도는 더 걸쭉해질 것이다.

Lasagna

라자냐 면   12장
올리브오일   1Tbsp + α
소금   3Tbsp
파르미지아노 치즈   80g

8   라자냐 면을 끓이기 위해 크고 깊은 팟을 준비한다. 물을 70% 정도 받아 팔팔 끓이고 올리브오일 1Tbsp 정도와 소금 3Tbsp을 넣는다. 라자냐 면을 한 장 한 장 넣고 타이머를 6분에 맞춘다. 서로 달라붙지 않도록 긴 주걱이나 젓가락을 이용해 자주 저어준다. 타이머가 울리면 라자냐 면을 걸러내고 넓은 트레이에 올리브오일을 뿌려 면이 서로 달라 붙지 않도록 겹쳐둔다.

9   오븐을 180℃로 예열한다. 모든 재료를 모을 차례다. 개별 라자냐 그릇을 6개 준비해도 좋고, 6인분의 라자냐를 모두 담을 트레이를 준비해도 좋다. 개별 그릇을 준비한다면 라자냐 면은 반으로 잘라 모두 24조각이 되도록 만든다. (한 그릇에 라자냐 조각 4개가 들어간다.) 한꺼번에 라자냐를 모두 담을 예정이라면 32X26cm 정도의 접시 또는 트레이면 적당한데, 쉽게 알기 위해서는 구입한 라자냐 면 3장이 나란히 바닥에 들어갈 사이즈면 된다.

10   라자냐 트레이를 이용할 경우 브러시를 이용해 트레이 바닥에 올리브오일을 골고루 바른다. 먼저 맨 아래에 라자냐 면 3장을 나란히 눕힌다. 그 위에 만들었던 볼로네제 소스의 반을 덜어 라자냐 면 위에 풍부하게 바른다. 그 위에 다시 라자냐 3장을 살며시 올린다. 그 위에 만들어 둔 베사멜 소스의 반을 덜어 라자냐 위에 가득 올린다. 다시 라자냐 - 볼로네제 소스 - 라자냐 - 베사멜 소스를 반복해 담아 완성한다. 맨 위에는 그레이터에 간 파르미지아노 치즈 80g을 올린다.

11   오븐에 넣고 20분 정도 굽는다. 라자냐 윗면의 치즈가 먹음직스럽게 브라우닝되면 오븐에 꺼낸다.

12   잘 드는 칼로 라자냐의 반을 갈라 모두 6피스가 나오도록 한다. 1피스씩 꺼내어 서브한다.

SWEDISH MEATBALL
스웨디쉬 미트볼

빙봉의 대표 메뉴 중 하나인 '토마토 미트볼 스튜'가 오래도록 인기 있는 이유는 뭘까. 아마도 집에서 엄마가 만들어준 것 같은 소울푸드의 정서를 담고 있기 때문이 아닐까. 많은 사람들이 브런치를 좋아하는 이유도 바로 브런치가 '정성을 다해 만든 가정식'을 기반으로 하고 있기 때문일 것이다. 그 정성과 따스함을 온전히 담은 스웨디시 미트볼은 누구나 사랑하지 않을 수 없는 음식이라고 생각한다. 이 음식으로 추운 겨울을 견뎌냈을 북유럽 사람들을 생각해보니 우리는 크리스마스나 연말 파티를 위해 만들어서 많은 사람들과 함께 나누면 좋을 듯하다. 미트볼과 그레이비, 매쉬드 포테이토 그리고 링곤베리 잼의 조화는 우리에게 새로운 경험을 안겨줄 것이며, 이 메뉴가 얼마나 완벽한 조합인지도 느끼게 해줄 것이다.

Meatball

갈아둔 쇠고기 450g
갈아둔 돼지고기 450g
빵가루 1cup
소금 1tsp
후추 1/2tsp
넛멕가루 1/2tsp
올스파이스 1/2tsp
이탈리안파슬리 1/2cup
달걀 1개
양파 1/2개
생크림 1/4cup
올리브오일 30ml 내외
레드와인 60ml 내외

1 먼저 쇠고기와 돼지고기에 키친타월을 받쳐 핏물을 충분히 빼두어야 한다. 그 다음 넓은 트레이나 볼에 쇠고기와 돼지고기를 충분히 섞은 다음 마른 재료(빵가루, 소금, 후추, 넛멕가루, 올스파이스, 잘게 다진 이탈리안파슬리)를 고기와 함께 잘 섞는다.

2 달걀, 양파, 생크림은 푸드프로세서나 블렌더에 넣고 하나의 액체 형태로 만든 다음 **1**에 부어 섞는다. 섞을 때는 손에 완벽히 밀착되는 라텍스 니트릴 장갑을 착용하는 것을 권한다. 모든 재료들이 하나가 되기 위해서는 손바닥으로 강하게 두드려 밀착시켜주는 것이 좋다. 미트볼 반죽이 완성되었다면 랩을 씌워 냉장고에서 1시간 정도 둔다.

3 냉장고에서 숙성된 미트볼 반죽은 30g 정도로 무게를 재어 동그랗게 말아서 빚어낸다. 미트볼이 너무 크면 익히는 데 시간이 오래 걸리고 겉면이 질겨질 수 있어 30g~35g 정도의 크기를 벗어나지 않는 것이 좋다.

4 프라이팬을 예열하고 올리브오일을 살짝 두른다. 프라이팬 크기에 맞게 미트볼을 넣고 중불 정도에서 구워준다. 프라이팬에 가득 미트볼을 너무 많이 넣지 않도록 유의한다. 프라이팬을 돌려가며 미트볼을 굴려주고 미트볼의 겉면이 전체적으로 잘 익으면 불을 조금 더 높이고 레드와인을 붓는다. 레드와인의 향이 입혀지며 고기 잡내를 잡아줄 수 있다. 와인이 미트볼에 잘 흡수되어 졸아들면 불을 끈다.

5 미트볼을 그릇에 옮긴 다음 프라이팬에 눌어 붙은 것들은 버리지 않고 다른 그릇에 담아둔다. 남은 미트볼은 위와 같은 과정을 반복하며 다 굽고 프라이팬에 눌어붙은 것은 모아서 다시 프라이팬에 담아둔다. 프라이팬에서 구운 미트볼은 180℃로 예열된 오븐에서 10분간 구워낸다.

Gravy Sauce

버터 1/2cup
밀가루 1/2cup
비프 브로스 4cup
소금 1/2tsp
후추 1/4tsp
레몬즙 1Tbsp
넛멕가루 1/4tsp
올스파이스 1/4tsp
생크림 1cup

6 그레이비 소스를 만들기 위해, 앞 과정에서 프라이팬에 담아 둔 고기 찌꺼기를 사용한다. 프라이팬을 불에 올리고 고기 찌꺼기 위에 버터를 넣는다. 버터가 버블을 일으키며 녹으면 밀가루를 넣고 빠르게 모든 재료들이 잘 섞이도록 휘젓는다.

7 걸쭉한 질감이 나면 여기어 비프 브로스를 붓고 끓인다. 끓는 동안 한 번씩 저어주면서 레몬즙과 소금, 후추, 넛멕가루, 올스파이스를 넣는다.

8 소스가 전체적으로 끓고 질감이 뭉근해지면 불을 낮추고 생크림을 붓고 연한 브라운색의 그레이비 소스가 되도록 가볍게 섞고 불에서 내린다.

Mashed Potato

감자 1kg
버터 8Tbsp
생크림 1/2cup
소금 **약간**
후추 **약간**
링곤베리 잼 **적당량**

9 큰 팟에 껍질을 벗기고 잘기 자른 감자를 넣고 감자가 잠길 정도로 물을 부어 뚜껑을 닫아 끓인다. 15분 정도 충분히 삶고 포크로 찔러 보았을 때 쉽게 부스러진다면 불에서 내리고 물을 버린다.

10 잘 삶아진 감자는 뜨거운 상태일 때 냄비에 넣은 채로 매셔로 짓이기거나 핸드믹서로 갈아준다.

11 감자가 충분히 갈아졌다면 버터, 생크림을 더해 매끈한 상태가 될 때까지 더 으깨준다. 소금과 후추는 취향껏 맞춘다.

12 그릇에 매쉬드 포테이토를 충분히 깔고 그 위에 미트볼을, 미트볼 위에는 만들어둔 그레이비 소스를 충분히 뿌린다.

13 여기에 링곤버리 잼을 더한다면 완벽한 스웨디쉬 스타일의 미트볼이 완성된다.

CROISSANT STRATA
크루아상 스트라타

대형마트에서 큰 상자에 가득 들어 있는 크루아상을 사야 하나, 말아야 하나를 고민해본 적이 있다면 한 번 쯤은 과감하게 구입해도 좋다고 말하고 싶다. 물론 이 레시피를 알고 있다면 말이다. 겉은 바삭바삭하고 속은 브레드푸딩처럼 촉촉한 스트라타는 이름 그대로 층층이 재료가 쌓여 있다는 뜻이다. 빵과 달걀 믹스처, 크림치즈, 블루베리 잼과 같은 달콤함에 브런치 취향에 따라 짭짤한 맛까지 원한다면 베이컨을 잘라 넣어도 멋진 조합을 만들 수 있다. 크루아상뿐만 아니라 식빵으로도, 바게트로도 가능하다. 하지만 그 중에서도 크루아상이 품고 있는 버터의 풍미가 가장 완성도를 높여줄 것이다.

Ingredients

달걀 6개
우유 1/2cup
생크림 1/2cup
메이플 시럽 2Tbsp + α(곁들이용)
설탕 60g
바닐라익스트랙 1Tbsp
시나몬 파우더 1tsp
소금 1/2tsp
크루아상 16개 내외
블루베리 잼 200~250g
크림치즈 200g 내외
버터 6Tbsp(얇게 썰어서 냉장) + α
블루베리 1cup
메이플 시럽 적당량

1 오븐용 트레이를 준비한다. 트레이 안쪽 면에 버터를 골고루 발라둔다.

2 볼을 준비해 달걀, 우유, 생크림, 메이플시럽, 설탕, 바닐라익스트랙, 시나 몬파우더, 소금을 넣고 설탕이 녹을 때까지 섞어둔다.

3 반으로 가른 크루아상을 트레이 안에 골고루 올리고, **2**를 크루아상 위에 골고루 붓는다. 크루아상 사이 사이에 블루베리 잼을 한 스푼씩 떠서 떨어트 리고, 크림치즈도 동그랗게 퍼서 곳곳에 올린다. 얇게 썰어 냉장해둔 버터를 크루아상 위에 골고루 뿌리고 최소 1시간 정도 냉장한다.

4 오븐을 180℃로 예열하고 크루아상에 **2**가 완전히 배어 들면 오븐에서 30~40분 정도 구워낸다. 완성된 스트라타는 먹기 좋은 크기로 잘라 신선한 블루베리와 메이플 시럽을 뿌려 먹는다.

RABANADA
라바나다

'브런치 러버'에게 이상적인 프렌치 토스트가 무엇이냐고 묻는다면 열이면 열, 각기 다른 스타일을 고집할 것이다. 달걀 맛이 많이 나는 토스트, 속 안까지 촉촉한 토스트, 바게트로 만든 토스트, 브리오슈로 만든 토스트, 달달한 토스트, 달달하지 않은 토스트 등등… '라바나다'는 지구 반대편의 나라 브라질에서 크리스마스에 먹는 특별한 프렌치 토스트로 우리에겐 조금 생소한 이름이다. 마치 도너츠나 츄러스처럼 시나몬슈거의 향을 뿜으며 겉은 바삭하고 속은 촉촉한 식감을 가지고 있는데, 많은 사람들의 사랑을 받고 있는 빙봉의 프렌치 토스트도 라바나다의 식감을 닮아 있다. 프렌치 토스트는 아주 작은 변화로도 큰 차이를 일으키는 마법을 가지고 있으니 꼭 '라바나다' 스타일로 만들어보길 추천한다. 크리스마스에 슈톨렌 대신 라바나다를 찾게 될 날이 올지도 모른다!

Ingredients

브리오슈 200g~250g
달걀 4개
설탕A 100g
설탕B 30g
우유 500ml
바닐라에센스 1/2tsp
시나몬파우더 1Tbsp
베지터블오일 5Tbsp
슈거파우더 3Tbsp

1 브리오슈는 3cm 정도 두께로 썰어둔다.

2 큰 볼에 달걀, 설탕A, 우유, 바닐라게센스를 잘 풀어준 다음 여기에 썰어둔 브리오슈를 살짝 담갔다가 꺼낸다. 너무 오래 담그면 브리오슈가 축 처질 수 있기 때문에 적당히 촉촉해질 만큼만 담가둔다.

3 넓은 트레이에 설탕B와 시나몬파우더를 잘 섞고 펼쳐 놓은 다음 브리오슈에 골고루 묻힌다. (이 과정은 토스트를 구워낸 다음 마지막에 해도 좋지만 여기에서는 겉면을 바삭바삭하게 만들기 위해 먼저 했다.)

4 팬에 오일을 붓고 불게 올려 열기가 오르기 시작하면 브리오슈를 올린다. 브리오슈 겉면의 색이 브라운색이 될 때까지 튀기듯 구워낸다.

5 이 위에 슈거파우더를 듬뿍 뿌리면 완성이다. 뜨거울 때 먹어도 좋고, 충분히 식혀 먹어도 맛있다.

Tip.
오일에 튀겨내는 조리법이 부담스러울 수도 있다. 그렇다면 180℃로 예열된 오븐에서 10~15분 정도 굽는 것을 권한다.

MINESTRONE
미네스트로네

미네스트로네는 토마토, 당근, 샐러드와 같은 채소와 고기, 콩, 파스타 등을 넣고 끓인 수프로 이탈리아 전역
에서 저마다의 식재료로 만들어지는 국민 수프이다. 특히 추운 겨울철이 되면 찬장에 있던 재료가 총동원되
어 재료의 가짓수만 수십 가지가 들어가기도 한다니, 어릴 적 읽었던 동화 '단추로 끓인 수프'가 떠오른다.
사람들이 가져온 재료 하나 하나를 더해 모두가 배불리 먹을 수 있는 수프가 뚝딱 만들어졌다는 동화 속 이
야기처럼 요리는 함께 나눌 수 있는 사람들이 있을 때 더욱 즐겁고 맛있는 법이다. 이 레시피에서는 담백한
닭가슴살을 구워 넣었다. 취향에 따라 쇼트 파스타를 추가하면 한 끼 식사로도 충분한 수프가 완성될 것이다.

Ingredients

닭가슴살 2덩이
올리브오일 2Tbsp + α
당근 2개
양파 1개
셀러리 2대
그린빈 80g
토마토 400g
치킨스톡 1L
소금 약간
후추 약간
까넬리니빈 400g(1can)

1 닭가슴살은 사방 2cm 정도의 사각형 크기로 자른다. 당근, 양파, 셀러리
는 잘게 썰고 토마토는 적당한 크기로 깍둑썰기한다.

2 프라이팬을 불에 올리고 올리브오일을 두른다. 닭가슴살을 넣고 3~5분
정도 굽다가 겉면이 보기 좋은 브라운색을 나면 불에서 내려 접시에 담아둔
다.

3 큰 팟을 불에 올리고 올리브오일을 두른 후 당근, 양파, 셀러리, 그린빈을
넣고 긴 나무 주걱으로 볶는다. 5분 정도 볶다가 재료가 부드러워지는 느낌이
들면 구운 닭가슴살, 토마토, 치킨스톡, 스금을 넣어 뚜껑을 닫고 끓인다.

4 까넬리니빈을 흐르는 물에 헹구고 처반에 받쳐 물기를 빼둔다.

5 한번 끓고 나면 불을 낮춰 20분 정도 끓인 후 취향에 맞게 소금과 후추,
까넬리니빈을 더한다.

"누가 나쁜 일을 하더라도 당신에게 토스트를 만들어준다면
사랑하지 않을 수 없을 거예요.
한 입 베어 물어 바삭한 껍질을 지나서
아래 부드러운 반죽을 씹어 따뜻하고 짭짤한 버터맛을 보면
당신은 질 수밖에 없을 거예요"

영화 <토스트> 중에서

Chapter 5.

MY SWEET HEARTS

우리나라에 브런치 열풍을 일으켰던
미국 드라마 〈섹스 앤 더 시티〉의 한 장면은
달콤한 것을 먹으려고 할 때마다 떠오릅니다.
극중 다이어트 중이던 미란다는
달콤한 도넛의 유혹을 이겨내지 못하고
끝내 도넛을 사먹으며 이렇게 말했죠.

"도넛에 설탕을 바를 생각을 하다니,
이 사람은 분명 천재야!"라고.

달콤한 것에 달콤한 것을 더한다는 것은
필시 천재의 아이디어이고,
극도의 스트레스를 받고 있는 상황에 내려질 수 있는
극약처방이죠.

죄책감을 느끼지만 즐기는 행동을 말하는
'길티 플레저(Guilty Pleasure)'

어떻게 생각하느냐에 따라
'길티'에 방점을 찍을 스도 있고,
'플레저'에 방점을 찍을 수도 있죠.

그런데 어떻게 감히,
입에 넣으면 먼저 눈이 감기고
감탄사가 절로 나오며
종일 우울했던 당신을 미소짓게 해줄 달콤함에
죄를 물을 수 있을까요?

SWEDISH PANCAKES

스웨디쉬 팬케이크

이 화려한 디저트는 우리가 흔히 보아온 크레이프 케이크와 비슷하게 보일 것이다. 스웨디쉬 팬케이크는 크레이프처럼 얇게 부쳐낸 팬케이크를 여러 장 쌓으며 사이 사이에 베리잼이나 생크림을 바르기도 하고, 두세장 정도만 만들어 오믈렛처럼 말아 신선한 베리와 잼을 얹어 먹기도 하는 디저트를 말한다. 북유럽의 여름을 그대로 옮겨 놓은 듯한 이 청명하고 따스한 음식은 보는 것만으로도 힐링이 되는 듯하다.

Pancake

박력분 **125g**
백설탕 **10g**
슈거파우더 **20g**
달걀 **2개**
우유 **300ml**
바닐라에센스 **1/2tsp**
녹인 버터 **45g**

Topping

딸기쨈 **적당량**
신선한 과일 **적당량**

1 녹인 버터를 제외한 모든 팬케이크 재료를 믹서에 넣고 빠르게 섞어준다. 밀가루가 덩어리지지 않은 것을 확인하고 볼에 담은 다음 녹인 버터를 넣고 거품기로 가볍게 저어 팬케이크 반죽을 만든다.

2 20cm가 넘지 않는 작은 프라이팬을 불에 올리고 팬케이크 반죽을 국자로 살짝 떠 프라이팬에 가득 차도록 동그란 모양으로 팬케이크를 만든다. 크레페를 만들 듯 너무 두껍지 않도록 반죽 양을 조절한다.

3 위와 같은 방법으로 모든 반죽을 부쳐내고 팬케이크를 겹겹이 쌓아둔다.

4 만들어둔 팬케이크가 한 김 식고 나면 팬케이크 사이 사이에 딸기잼을 얇게 발라준다. 팬케이크 맨 위층은 딸기, 블루베리 같은 신선한 계절과일로 가득 채운다.

ETON MESS
이튼 메스

머랭, 크림, 과일의 조합으로 만든 영국식 디저트 이튼 메스는 비슷한 재료의 조합으로 만든 호주의 파블로 바와 종종 비교되거나 비슷한 의미로 사용되기도 한다. 그러나 두 이름이 주는 음식의 비주얼은 확연히 다르다. 파블로바가 머랭-크림-과일 순으로 아름답게 쌓아 올려진 메뉴라면, 이튼 메스는 플레이트 안에서 자유롭게 헝클어진 춤을 추듯 연출되는 메뉴다. 이튼 스쿨에서 크리켓 매치 때마다 먹었다는 유래처럼 투쟁적으로 부순 머랭이 크림과 한데 엉켜 있다면 더욱 그 느낌을 살릴 것 같다. 이 책에서는 머랭을 여러 가지 모양으로 만들어보고 머랭과 비슷한 질감의 허니콤 캔디까지 만들어 바삭거리는 식감의 재미를 더해보았다.

Meringue Cookie

달걀흰자 **90g**
설탕 **75g**
식초 **4g**
바닐라에센스 **1/2tsp**

1 오븐을 120℃로 예열하고 1개의 넓은 베이킹 트레이와 가로세로 20cm 정도의 케이크팬 1개에 테프론시트나 유산지를 깔아둔다.

2 볼에 달걀흰자, 설탕 1tsp 정도를 넣고 핸드믹서 중간 속도 정도로 올려 흰자를 푼다. 달걀흰자에서 굵은 기포가 보이기 시작하면 남은 설탕의 1/3 정도를 넣고 고속으로 휘핑한다. 핸드믹서를 멈췄을 때 휘퍼 끝에 머랭이 간신히 매달렸다 떨어지면 설탕의 1/3을 더 넣고 휘핑한다.

3 다시 핸드믹서를 멈추고 머랭을 들어올렸을 때 머랭이 잘 매달려 있다면 남은 설탕을 다 넣고 휘핑 한다. 핸드믹서를 멈추었을 때 머랭이 거품기 안으로 꺾이면 휘핑을 멈춘다.

4 여기에 식초, 바닐라에센스를 넣고 중간 속도로 2분 정도 더 돌려 머랭을 완성한다.

5 완성된 머랭은 원형 깍지를 끼운 짤주머니에 넣고 한 손에 단단히 움켜쥔 다음, 준비한 넓은 트레이 위에 키세스 모양으로 짜준다. 머랭을 1/3 정도 사용한 다음, 같은 트레이에 길쭉하게 몇 개 정도 더 만들어 머랭을 반 정도 남긴다. 또 다른 케이크팬에 남은 머랭을 모두 짜서 평평하게 만들어준다.

6 오븐에 넣고 60분을 굽고, 100℃로 낮추어 30분을 30분 동안 구운 후 오븐을 끄고 오븐 안에 둔 채로 천천히 식힌다.

Honeycomb Candy

백설탕 1 cup
메이플시럽 1Tbsp
꿀 5Tbsp
물 1/2 cup
베이킹소다 2tsp

7   가로세로 25cm 내외, 높이 3~5cm 정도가 되는 베이킹 팬에 테프론시트 또는 유산지를 모서리에 맞추어 깔아둔다.

8   소스팟(액체가 충분히 부풀어 오를 만큼 깊은 팬이 좋다.)에 백설탕, 메이플시럽, 꿀, 물을 넣고 끓인다.

9   설탕이 액체화되고 표면에 전체적으로 큰 기포가 생기면서 보글보글 끓어올라 150℃까지 온도가 오르면 베이킹소다를 넣는다. 베이킹소다를 넣으면 점차 색이 갈색으로 변하고 연한 갈색에서 점차 진한 변하게 된다. 중간 갈색 정도가 되고 거품이 일어나면 재빠르게 스패출러를 이용해 준비해둔 베이킹 팬에 붓고 단단해질 때까지 냉동실에서 충분히 식힌다.

Lemon Curd

달걀 2개
달걀노른자 2알
레몬 2개
설탕 1 cup
녹인 무염버터 90g
레몬제스트 1tsp

10   레몬은 즙으로 짜 체에 걸러 준비한다. 넓고 낮은 볼에 모든 재료를 넣고 핸드믹서로 충분히 잘 풀어 하나의 믹스처로 만든다.

11   소스팟에 물을 1/3 정도 채우고 약한 불에 올린 다음, **10**에서 만든 달걀 믹스처를 소스팟 위에 올린 채 계속해서 저어준다. 소스팟의 열기가 충분히 전해지기 시작하면서 믹스처의 농도가 점점 생기기 시작한다. 너무 뜨거워져 달걀이 익어버리지 않도록 조심하며 계속해서 저어준다.

12   스패출러로 볼 바닥을 긁어보며 꿀과 같이 매끄럽고 두꺼운 액체로 변한다면 불에서 내리고 체에 걸러 레몬 커드를 완성한다. 냉장고에서 충분히 식힌다.

Plate

체리 **10개 내외**
핑크페퍼 **약간**

13   바삭바삭하게 구워둔 머랭 쿠키 중 평평하게 구운 머랭은 원하는 모양으로 부순다. 역시 허니콤 캔디도 원하는 모양으로 부수어 두는데, 손으로 만지면 녹을 수 있으니 롤링핀이나 스크래퍼와 같은 도구를 이용하거나 체온 전달을 막을 수 있는 장갑을 끼고 부수는 것이 좋다.

14   체리는 꼭지가 달린 상태 그대로의 것과 반을 갈라 씨를 뺀 것을 모두 준비해둔다.

15   플레이트 바닥 한 쪽에 만들어둔 레몬 커드를 깔고 여러 모양의 머랭 쿠키, 허니콤 캔디, 체리를 올린다. 핑크페퍼는 선택 사항이지만 새콤달콤한 재료들 사이에 뿌려진 핑크빛 색감은 물론 은은하면서도 매콤한 특별한 맛까지 선사하니 꼭 사용해보라고 추천하고 싶다.

BLOOD-ORANGE GELLY
블러드 오렌지 젤리

핏빛이 선연하게 퍼지는 블러드 오렌지를 처음 보았을 때, 이름 때문인지 몰라도 조금 섬뜩하다는 느낌마저 들었다. 몇 년 전 성수동의 한 마켓에서 블러드 오렌지를 직접 보았을 때 들었던 느낌이다. 블러드 오렌지는 지중해 연안에서 처음 재배된 품종으로 오렌지와 비슷한 새콤달콤한 맛과 베리향이 감도는 독특한 풍미를 가진 과일이다. 블러드 오렌지의 매력은 역시 색이다. 이 붉은 빛깔은 음식을 만드는 사람의 시선에 너무도 매력적으로 보인다. 눈치를 챘겠지만 과일에서 내는 붉은 빛은 시각적 만족만이 아닌 풍부한 비타민C를 선사한다. 국내에서는 재배하는 농가가 그리 많지 않고, 처음 국내에 소개된 이래로 재배 농가가 크게 늘지 않은 것 같지만 포털 사이트에서 블러드 오렌지를 검색하면 산지 직송 생과 뜨는 냉동 과일을 구입할 수 있다. 대형 마트에 가면 쉽게 구할 수 있는 계절 과일이 아닌 블러드 오렌지로 요리를 만들고 소개하는 이유. 다양한 디저트에 활용하기 좋으며 그 자체로서도 완벽한 디저트가 될 수 있는 블러드 오렌지를 많은 사람들에게 보여주고, 그렇게 해서 언젠가 쉽게 이런 과일을 구하는 때가 으길 바라기 때문이다.

Ingredients

블러드 오렌지 **4개**
자몽 **2개**
판젤라틴 **2장**
블러드 오렌지즙 **300ml**
설탕 **50g**
민트잎 **조금**

1 블러드 오렌지와 자몽은 껍질 속 하얀 섬유질이 보이지 않도록 칼로 껍질을 도려낸 다음, 한입 크기로 속살만 발라낸다. 판젤라틴은 차가운 물 속에 부드러워지도록 10분 정도 담가둔다.

2 블러드 오렌지즙과 설탕은 소프팟어 넣고 중불에 올려 끓인다. 소프팟의 설탕이 완벽히 녹고 끓어오르기 시작할 때 불에서 내린다.

3 부드러워진 판젤라틴은 물기를 완벽하게 제거한 다음 전자레인지에서 15초 정도 돌리면 완벽히 액체로 녹아 있을 것이다. 이것은 그대로 위에서 끓여둔 소스팟에 넣고 섞는다.

4 열탕 소독한 유리 용기 또는 플라스틱 컵 등 원하는 그릇을 준비해 발라낸 블러드 오렌지와 자몽 속살을 나누어 담고, 젤라틴을 섞은 블러드 오렌지즙을 과일이 잠길 때까지 –누어 붓는다

5 탱글탱글한 젤리가 돌 때까지 냉장그에서 충분히 식히고 먹기 전에 민트잎을 올린다.

DUTCH BABY
더치 베이비

흔히 독일식 팬케이크라고 불리며, 이름 때문에 네덜란드가 원조라고 오해받기도 하는 더치 베이비는 독일계 미국인이 만든 100년된 팬케이크다. 일반 팬케이크가 메이플 시럽이나 버터에 적셔 먹는 빵 같은 질감인데 비해 더치 베이비는 보다 부드럽고 밀도 있는 질감이며 주로 레몬즙과 슈거파우더를 듬뿍 뿌려 먹는 것이 오리지널 방식이다. 뜨겁게 달아오른 오븐 안에서 한껏 부풀어오른 더치 베이비가 오븐 밖으로 나오고 나면 그 숨이 푹 꺼져버리곤 하기 때문에 오븐에서 나오는 즉시 서브하는 것이 좋다. 이 책에서는 뉴욕 브루클린의 어느 호텔 레스토랑에서 먹었던 감동적인 조합을 제안해보았다. 과일은 복숭아 대신 멜론을 넣거나, 부드럽고 즙이 많은 여름 과일을 넣는 것도 좋고, 딸기나 블루베리, 바나나를 곁들이는 것도 좋다.

Ingredients

우유 180ml
달걀 3개
박력분 95g
설탕 1Tbsp
바닐라에센스 2tsp
소금 약간
버터 2Tbsp
크림치즈 3Tbsp
복숭아 1개
프로슈토 5장
피스타치오 또는 슬라이스 아몬드 약간
슈거파우더 1Tbsp

1 오븐은 210℃로 예열한다. 25cm 정도의 넓은 오븐용 스킬렛팬을 예열하는 오븐 속에 넣어둔다.

2 우유는 전자레인지에서 30초 정도 데워 달걀, 박력분, 설탕, 바닐라에센스, 소금과 함께 볼에 담아 반죽이 부드러워질 때까지 핸드믹서로 풀어준다. 완성된 반죽은 상온에서 잠시 둔다. 반죽을 만졌을 때 차가움이 느껴지지 않는 상태까지가 좋으며 반죽이 차갑다면 전자레인지에서 30초 정도 데우면 좋다.

3 오븐이 예열되면 뜨거워진 스킬렛팬을 조심스레 꺼내어 버터를 넣은 다음 팬을 기울여 버터가 골고루 코팅되도록 한다. 이때 반죽을 팬 속에 붓고 다시 오븐에 넣어 18~20분 정도 굽는다.

4 완성된 더치 베이비가 오븐에서 나오면 크림치즈를 바닥 면에 깔아둔 다음 반달 모양으로 자른 복숭아, 프로슈토를 골고루 올리고 피스타치오와 슈거파우더를 뿌려 완성한다.

CARROT PANCAKES
캐롯 팬케이크

당근 케이크와 크림치즈 프로스팅의 조합은 언제나 옳다. 브런치 메뉴와 재미있는 접목을 해보고 싶어 빙봉의 브런치 테이스팅 메뉴 맨 위 칸에 올려두었던 '캐롯 팬케이크'는 식사 겸 디저트로 인기를 끌었다. 케이크처럼 식은 후에도, 차갑게 먹어도 좋다는 장점이 있기에 피크닉 메뉴로도 쉽게 접근할 수 있다. 잡고 먹기에도 좋은 모양으로 만들어주면 아이들을 위한 소풍 도시락으로도 손색이 없을 것이다.

Pancakes

우유 160g
요거트 160g
버터 40g
박력분 250g
설탕 120g
소금 5g
시나몬파우더 10g
베이킹파우더 24g
베이킹소다 6g
달걀 2개
갈아둔 당근 60g
버터 **적당량**

1 볼에 우유, 요거트, 버터를 섞는다. 또 다른 볼에 박력분, 설탕, 소금, 시나몬파우더, 베이킹파우더, 베이킹소다를 넣고 섞어둔다.

2 40℃ 정도의 따뜻한 물을 담은 볼 위에 다른 볼을 올린다. 올린 볼이 따뜻해지면 여기에 달걀을 풀고 핸드믹서로 휘핑한다. 큰 거품이 사라지고 겉면이 매끄럽고 부드러운 상태로 전체적인 블룸이 2배 이상 부풀어 오를 때까지 휘핑한다.

3 **2**에 **1**을 세 번 정도 나누어 섞은 후 강판에 간 당근을 넣고 섞어 반죽을 완성한다.

4 프라이팬이 불에 달궈지면 팬에 골고루 발릴 정도의 버터를 올려 녹여준다. 반죽을 조금 떠 팬 위에 올린 후 2~3분간 굽는다. 반죽 아랫면을 살짝 들어올렸을 때 적당한 색이 나오고 윗면이 마른 상태가 되면 뒤집는다. 반죽 속 당근의 수분 때문에 충분히 익히는 것이 좋다.

5 반죽을 팬에서 꺼내기 전에 젓가락 등의 뾰족한 도구로 찔러 반죽이 익었는지 테스트해보는 것이 좋다. 젓가락에 반죽이 묻어나오지 않으면 익은 것이다. 완성된 팬케이크는 냉장고에 두고 충분히 식혀둔다.

Frosting

크림치즈 200g
무염버터 100g
슈거파우더 50g

6 크림치즈와 무염버터는 상온에 미리 꺼내 말랑말랑한 포마드 상태로 준비한다.

7 크림치즈, 무염버터, 슈거파우더를 잘 섞어 프로스팅을 완성한 후 컨테이너에 담아 냉장고에서 2시간 이상 두어 차갑게 만든다.

Carrot Marmalade

당근 1개
오렌지즙 오렌지 1개 분량
오렌지 1개
시나몬스틱 1개
설탕 1cup
레몬즙 레몬 1개 분량
라임제스트(선택) 라임 1개 분량
오렌지필(선택) 2Tbsp

8 당근은 강판에 갈아두고 오렌지는 제스터를 이용해 겉껍질을 갈아 제스트를 만들어둔다. 소스팬에 갈아둔 당근, 오렌지즙, 오렌지제스트, 시나몬스틱을 넣고 뚜껑을 닫아 중불로 끓인다. 수시로 뚜껑을 열어 나무주걱으로 뒤적여 당근이 바닥에 눌어붙지 않도록 주의하며 숨을 죽인다.

9 당근의 부피가 1/3로 이하로 줄어들고 빠져나온 수분이 바글바글 끓어오르면 이제 뚜껑을 열고 계속해서 저으면서 수분을 날려준다. 더 이상 줄어들 수분이 없고 당근의 부피도 1/4 이하로 줄어들었다면 설탕, 레몬즙을 넣고 잘 섞는다. 새로 생겨난 수분을 당근에 코팅시키듯 끼얹으며 수분을 계속 날려준다.

10 나무주걱으로 바닥을 긁었을 때 당근이 양쪽으로 갈라져 바닥이 보이는 정도로 농도가 적당히 되직해지면 불을 끄고 소독한 밀폐용기에 담아 냉장고에 두어 열기를 식힌다.

11 팬케이크, 프로스팅, 당근 마멀레이드가 냉장고에서 잘 식었다면 팬케이크 사이에 프로스팅과 당근 마멀레이드를 샌딩한다. 취향에 맞게 라임제스트와 오렌지필을 토핑하면 더욱 근사한 당근 팬케이크를 완성할 수 있다.

CRÊPES SUZETTE
크레페 수제트

요리도 사람처럼 인상이 있다. 크게 멋을 부리지 않아도 세련된 사람. 알면 알수록 매력이 넘치고 언제 만나도 자꾸 생각나는 사람. 수제트는 나에게 그런 디저트이고, 나는 그런 디저트 같은 사람이 되고 싶다고 자주 생각한다. 수제트가 대체 어떤 음식이길래. 수제트는 요리사가 실수로 리큐어(술의 일종)를 쏟아 만들어진 음식으로 파티에 초대된 수제트라는 부인의 이름을 따서 만들어졌다고 한다. 그 여인을 본 적은 없지만 그녀는 분명 매력적이고 인기가 많았을 것이라고 상상하게 된다 빙봉에서 수제트를 즐겨 찾는 사람들과, 내가 직접 만든 수제트를 먹어본 사람들은 모두 수제트 맛을 잊을 수 없다고 말한다. 만드는 방법도 어렵지 않다. 우리는 앞서 크레페 만드는 방법을 알아보았기 때문에 여기어서의 크레페 수제트는 시중에 판매하는 프랑스산 완제품 크레페를 이용해 더욱 손쉽게 만들어보았다.

Ingredients

크레페 **3장**
오렌지 **2개**
버터 **2Tbsp**
설탕 **2Tbsp**
그랑마니에르 **1Tbsp**
민트잎 **약간**
슈거파우더 **약간**

1 프라이팬에 크레페를 넣고 따뜻한 온기가 돌 정도로 데운다. 크레페는 시판 제품을 사용해도 좋도, 스웨디쉬 팬케이크 레시피(165p)에서 배운 수제 크레페를 사용해도 좋다. 데운 크레페는 반으로 접은 뒤 한 번 더 접어 부채꼴 모양으로 만든다. 이렇게 접은 세 장의 크레페를 접시에 둥글게 올린다.

2 오렌지 하나는 두꺼운 겉껍질을 벗겨낸 후 오렌지 조각 하나 하나를 칼로 도려낸다. 나머지 오렌지 하나는 착즙기로 짜 컵에 담아 둔다.

3 작은 프라이팬을 불에 올리고 버터를 녹인다. 버터가 버블을 일으키면 위에서 짜둔 오렌지즙을 넣고 끓인다.

4 오렌지즙이 버터와 잘 섞어 끓어오르면 설탕을 넣는다. 1~2분 정도 끓으면 불을 최대한 올리고 그랑마니에르를 붓는다. 플람베(술을 끼얹고 잠깐 불을 붙여 향이 배이게 하는 것)를 할 수 있도록 프라이팬을 살짝 기울여 불길이 소스 위로 옮겨 붙도록 한다. 불길이 붙으면 불을 유지한 채로 둔다. 불길이 사라지면 오렌지 소스가 완성된다.

5 접시 위에 담아둔 크레페 위에 오렌지 소스를 듬뿍 뿌려준 후 슈거파우더를 뿌리고 민트잎으로 장식한다.

APRICOT STICKY RICE
살구 스티키 라이스

나는 어느 식당이나 디저트샵에 스티키 라이스가 있으면 꼭 주문해 먹어코곤 한다. 그 중에서도 태국 치앙마이를 여행했던 지난 겨울, '미나 라이스(Meena Rice Based Cuisine)'에서 맛보았던 파란색 스티키 라이스는 색이 주는 음식의 아름다움을 새삼 다시 깨닫는 계기가 되었다. 아이의 시선으로 바라본 듯한 원초적인 색은 여행이 끝나서도 계속 기억에 남았다. 피크닉이나 도시락뿐만 아니라 등산을 가거나 기차 여행을 떠날 때에도 어울릴 법한 스티키 라이스. 망고와 코코넛 크림이 없어서는 안되지만 코코넛 향은 줄이고 망고 대신 올 여름 나를 반하게 한 살구를 얹어 부드러움은 그대로 유지하고 상큼함을 더했다. 내가 반한 스티키 라이스의 정점인 파란빛은 태국에서 수입되는 '버터플라이피' 티를 이용하면 된다. 천연 꽃을 말려 만든 티인데, 한국 식약청의 정식 허가를 만든 식품이 아니기에 이 매력적인 색을 꼭 사용하라고 추천하지 못하는 점은 매우 아쉽다.

Ingredients

찹쌀 1cup
물 2cup
고형 코코넛밀크 3Tbsp
설탕 2Tbsp
버터플라이피 2g
따뜻한 물 50ml
살구 2개

1 찹쌀은 물 2cup과 함께 1시간 정도 불려둔다. 버터플라이피는 따뜻한 물 50ml에 넣어 진한 푸른 색이 날 때까지 충분히 우려낸다.

2 소스팬 또는 냄비에 찹쌀과 물을 같이 넣은 후 코코넛밀크와 설탕을 넣고 잘 섞어 스푼으로 저으며 끓인다. 끓기 시작하면 불을 약하게 낮추고 계속해서 저어 바닥에 쌀이 눌어 붙지 않도록 한다.

3 약 15분 후 물기가 거의 보이지 않을 때 찹쌀이 충분히 익었는지 확인한다. 아직 더 익혀야 한다던 물을 조금씩 더하며 익힌다. 스티키 라이스가 완성되면 스푼으로 섞으며 뜨거운 김을 식힌다.

4 살구는 껍질을 깍아내고 씨를 발라낸다. 살구 1개는 잘게 다지고 나머지 1개는 얇게 슬라이스한다.

5 식혀둔 스티키 라이스에 다진 살구를 섞고 삼각 김밥틀과 같은 모양틀에 찍어낸 다음 슬라이스한 살구를 위에 얹는다.

NUTELLA BANANA BREAD
누텔라 바나나 브레드

계절은 어느 날 갑자기 찾아온다. 유리창 가득 찬 기운이 가득한 계절이 다가오면 몸도 마음도 기온처럼 뚝 떨어지곤 한다. 손님의 발길이 뚝 끊겼던 12월의 어느 오후, 킹봉의 주방에서 하염없이 바깥을 바라보던 때가 가끔 떠오른다. 울적한 기분에 빠지지 않으려 주방에 있는 재료를 꺼내 반죽을 만들어 오븐에 넣고, 오븐에서 빵이 만들어지는 동안 설거지를 하고, 오븐에서 빵이 나오면 커피 한 잔과 빵 한 조각을 먹으며, 그렇게 계절을 이겨냈던 기억이 있다. 요리에 빠져 있던 시간은 세월이 흘러도 고스란히 영화 속 한 장면처럼 기억 속에 각인이 된다. 무엇이라도 해야 이겨낼 것 같은 기분이 든다면 이 달콤한 빵 한 덩이를 만들어보라고 말하고 싶다.

Ingredients

틀 안에 바를 버터와 밀가루
바나나 4개
버터 1cup
달걀 2개
설탕 200g
중력분 4cup
소금 1/2tsp
따뜻한 물 1/2cup
베이킹소다 2tsp
초콜릿 칩 1cup
누텔라 1cup

1 오븐을 180℃로 예열해 둔다. 2개의 파운드케이크 틀을 준비해 틀 안쪽 면에 버터를 바른 다음 밀가루를 묻히고 손으로 쳐서 밀가루를 털어낸다.

2 바나나는 검은 점이 생긴 무른 바나나를 사용하는 것이 좋다. 껍질을 벗겼을 때 약간의 술 향까지 나는 정도라면 더욱 풍미 있는 바나나 브레드가 될 것이다. 껍질을 벗겨 바나나를 으깨둔다.

3 버터는 손가락으로 눌러보았을 때 부드럽게 들어갈 정도, 크림과 같은 상태가 될 때까지 상온에 두었다가 작업한다. 크림화된 버터를 볼에서 스푼이나 스패출러를 이용해 으깨듯 누르며 편다. 여기에 설탕과 달걀을 넣고 잘 섞은 다음, 중력분과 소금을 세 번 정도로 나누어 섞으면 부드러운 질감의 크럼블 같은 반죽이 된다.

4 따뜻한 물에 녹인 베이킹소다를 3에서 만든 반죽에 섞고, 으깨두었던 바나나와 초콜릿 칩도 함께 반죽에 섞는다. 이렇게 만들어진 바나나 반죽의 1/2을 2개의 파운드케이크 틀에 나누어 담는다. (1개의 틀에 반죽 1/4만 붓는 셈이다.)

5 누텔라는 전자레인지 용기에 담아 10~20초 정도 녹여두면 붓기 편한 상태로 녹을 것이다. 전자레인지에 너무 많이 돌리면 타거나 뻑뻑해질 수 있으니 주의한다. 녹인 누텔라를 반죽이 들어 있는 2개의 틀에 나누어 담는데, 틀 모양대로 길쭉한 모양으로 부으면 된다. (바나나 반죽과 같이 1개의 틀에 1/4을 담는다.)

6 칼을 이용해 반죽을 아주 살짝 섞는 느낌으로 물결 모양을 만들며 긋는다. 그 다음 남은 반죽을 2개의 틀에 나누어 담고 남은 누텔라도 틀에 나누어 담은 뒤 다시 칼을 이용해 물결 모양을 긋는다.

7 180℃로 예열된 오븐에서 30분간 굽다가 150℃로 낮추어 20~30분 정도 더 구워낸다. 핀으로 찔러 보았을 때 반죽이 묻어 나오지 않으면 다 익은 것이다. 완성된 파운드케이크가 너무 많다면 랩으로 잘 감싸 냉동실에 보관하면 두 달 정도 두면서 필요할 때마다 꺼내어 먹을 수 있다.

"달콤한 음식을 좋아하는 사람들에게는 어떤
성격이 숨어 있을까? 단것을 좋아하는 사람과
약속을 잡는 일은 엄청난 행운이 아닐 수 없다.
당신이 단것을 좋아하는 사람이라도 마찬가지다.
단것을 좋아하는 사람은 남을 도와주기를 매우
좋아하며 사회적인 성격의 소유자로 통한다.
(바로 '스위트 하트'를 가진 사람들이다.)"

멜라니 뮐/ 디아나 폰 코프, 『음식의 심리학』, 2017

이 책에서 사용한
계량 단위

1Tbsp(테이블스푼, 큰술) = 15ml ≓ 15g
1tsp(티스푼, 작은술) = 5ml ≓ 5g
1cup(컵) = 240ml ≓ 240g

브런치 카페 빙봉

이태원점
주　　소　서울 용산구 회나무로 51
전화번호　02-790-6245
운영시간　평일 9:00~18:00　　공휴일 09:00~18:00

서울숲점

주　　소　서울 성동구 서울숲길 18-14
전화번호　02-466-8790
운영시간　평일 10:00~18:00　공휴일 09:00~18:00

국내 최대 140평 규모의 유러피안 주방 식기 직수입 아울렛 매장
'쉬즈리빙'

여러 유럽 프리미엄 테이블웨어 브랜드들을 국내 독점 수입하고 있는 쉬즈리빙은 경기도 광주 오포 본사에 쇼룸 '쉬즈리빙 아울렛'을 통해 합리적인 가격으로 고품격 라이프스타일을 제공합니다.

포트메리온, 덴비, 폴란드 도자기, 큐티폴, 아사셀렉션, 벨로아이녹스, LSA 등 유명 브랜드 상품들을 최대 80%까지 세일하고 있으며 업장용 식기부터 혼수 용품, 테이블웨어, 인테리어 소품까지 다양한 수천 종의 상품들이 준비되어 있습니다. 쉬즈리빙 아울렛은 쇼룸&카페로 카페에서 여유롭게 커피를 즐기면서 유럽 라이프스타일 제품들을 초특가로 만나실 수 있습니다.

경기도 광주시 오포읍 오포안로 365-1 (분당에서 차로 15~20분 거리)
www.shesliving.com

9:00~18:00 / 연중무휴(설, 추석 제외)
070-7005-6500